いつもの食材と組み合わせる
酒によく合うクセありレシピ

ハーブと薬味でおつまみ

若井めぐみ

誠文堂新光社

はじめに

毎日の晩酌が楽しみ！
長く続いた外出自粛生活の中で、家飲みの楽しみを知ったという方も多いと思います。
もともとお酒を飲むのが好きな私も、そのうちの一人です。
外で飲むのも好きだけど、家なら気楽に過ごせ、
料理もとことん自分好みにアレンジできる。
好きなおつまみを用意して、好きなお酒を飲む。最高のリラックスタイムです。

最初からおつまみを用意して飲み始めることもあれば、
まずは一口……と、飲みながら作ったりすることもしばしば。
でき上がった料理を食べて、
あっ！　この香りを足したらもっとお酒に合うかも？　とひらめいて
大葉やパセリをちぎって散らしたり、ということがよくあります。
少しのアレンジでぐっとお酒との相性がよくなるのがおもしろい。

正直、ハーブや薬味はひとクセあります。
この“クセ”が、お酒の余韻と寄り添って、ぐんと深みを増すんです。
この本では、ハーブや薬味をたっぷり使った“クセのある”レシピを96品紹介。
残ったハーブなどの保存法、活用法なども提案しています。
ハーブと薬味との距離感がぐんと近くなる、そんな一冊になるとうれしく思います。

若井めぐみ

Contents

P6. へ続く▶

本書の使い方

ハーブとは

香りのある植物で、主に料理の香りづけとして使われる。またさまざまな作用があるとして、健康・美容分野でも重宝されている。

薬味とは

香りの強い香味野菜や香辛料のことで、主に日本料理に使用される。食することで血液サラサラ効果、殺菌効果などをもつものもある。

アイコンの見方

各レシピにはハーブと薬味のアイコン（イラスト）をつけています。ハーブは緑色、薬味は薄緑色と色分けしているので、レシピごとに使用しているハーブ、薬味が一目でわかります。

※ドライハーブは茶色、ドライハーブミックスは文字だけで表示

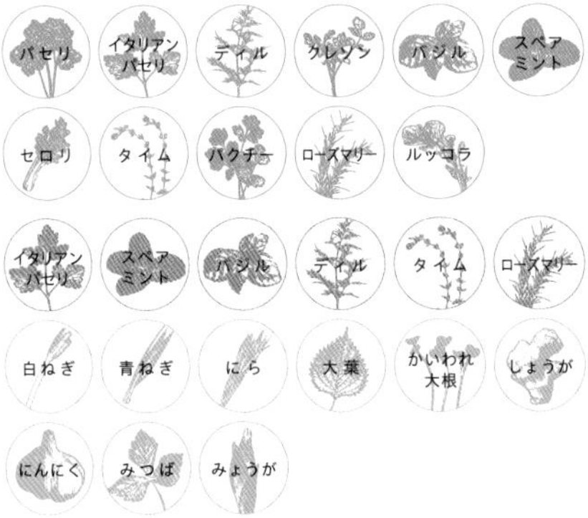

おつまみレシピということで、各レシピに合うお酒を選んでみました。お酒の種類は、ビール、ハイボール、レモンサワー、スパークリングワイン、白ワイン、赤ワイン、ロゼワイン、紹興酒、日本酒、焼酎の10種に加え、しっかりめの白ワインや軽めの赤ワイン、日本酒（冷酒）などもあります。これらは、著者の若井めぐみが独自の味覚でセレクトしたものです。ペアリングはこの限りではありませんので、お好みの組み合わせで楽しんでください。

レシピ表記について

- 小さじ1は5ml、大さじ1は15ml、1カップは200mlです。
- しょうが1片は約10g、にんにく1片は約5gを目安にしています。
- 塩は精製塩ではなく、天然に近い粗塩を使用しています。
- バターは有塩バターを使用しています。
- 野菜類は一般的な中サイズのものを使用しています。
- ハーブは自然のものなので、枝ぶりも香りの強さも少しずつ違います。香りをかいでお好みで量を加減して使ってください。
- 酒は料理酒ではなく、塩分の加えられていない日本酒を使用しています。
- その他の調味料は、メーカーによって塩分濃度などが異なる場合があるので、分量を目安に味見をしながら量を加減してください。
- 電子レンジは600wのものを使用しています。（500wの場合加熱時間約1.2倍を目安に）
- 火加減や温度、加熱時間は目安です。使う鍋やフライパンの大きさ、加熱機器やオーブン、食材の水分量でも変わってきます。途中で様子を見て調整してください。

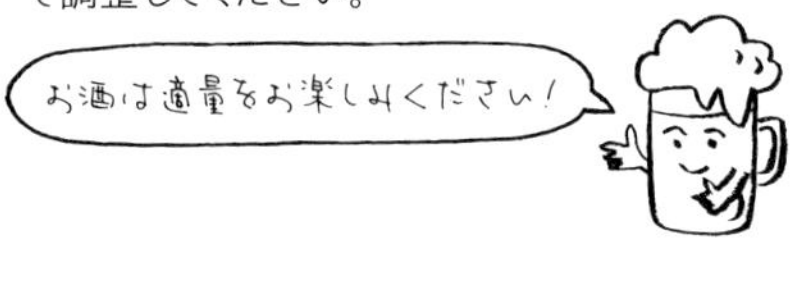

一手間だけのおつまみ

和えるだけ、混ぜるだけ、のせるだけ、添えるだけのお手軽レシピ。
いつものおつまみにハーブや薬味をちょい足しして
劇的な味変を楽しみましょう。

ディル

スペアミント

青ねぎ

さつま揚げのハーブのせ

さつま揚げにハーブをたっぷり。
スイートチリソースをかけてタイ風に

材　料　2人分

さつま揚げ………………100g
青ねぎ(斜め切り)………2本
ディル……………………2枚
スペアミント………10～15枚
スイートチリソース‥大さじ1/2
レモン……………………1カット

作り方

1 さつま揚げはオーブントースターでこんがりとするまで焼き、半分に切って器に盛る。

2 **1**に青ねぎをのせ、ディル、スペアミントをちぎってのせる。

3 スイートチリソースをかけてレモンを添える。

ポイント　お好みでレモンを絞ってください。

[ペアリング]

ビール　日本酒　焼酎　ハイボール

パクチーまぐろ納豆

パクチーの香りと食感がまぐろ納豆を引き立てる

材　料　2人分

まぐろ（ぶつ切り）……100g
納豆……1パック
パクチー（根を切り、5mm幅に刻む）……1株
ナンプラー（またはしょうゆ）……小さじ1

作り方

1 ボウルにまぐろ、納豆を入れてナンプラーを回しかけ、混ぜ合わせる。

2 1にパクチーを加えて軽く混ぜ、器に盛る。

ポイント　ナンプラーはまぐろにもよく合います。

[ペアリング]

ビール　日本酒　焼酎　レモンサワー

アボカドとしらすのバジルのせ

なめらかなアボカドとさわやかなバジルが好相性

材　料　2人分

アボカド……1個
しらす……大さじ2（約15g）
バジル……5～6枚
オリーブオイル……大さじ1
しょうゆ……小さじ1/2

作り方

1 アボカドはぐるりと包丁を入れて半分にして種を取り除き、果肉をスプーンで食べやすい大きさにすくって器に盛る。

2 **1**にしらすをのせ、バジルを適当な大きさにちぎってのせる。

3 オリーブオイルを回しかけ、しょうゆをたらす。

ポイント　バジルは食べる直前にちぎると、香りが立ちます。

［ペアリング］

日本酒　焼酎　白ワイン

みょうがとトマトの即席ナムル

ごま油で仕上げる即席ナムル。塩昆布の塩気がアクセントに

材　料　2人分

トマト（ヘタをとり8等分に切る）……1個
みょうが（千切り）……1個
塩昆布……5g
ごま油……大さじ1
白いりごま……適量
塩……ひとつまみ

作り方

1. トマトを器に盛り、塩昆布を散らしてみょうがをのせる。
2. ごま油を回しかけ、塩、白いりごまをふる。

ポイント　軽く混ぜ合わせながら食べましょう。

[ペアリング]

日本酒　焼酎　ハイボール　白ワイン　ロゼワイン

スペア
ミント

生ハムときゅうりのミントのせ

ミントのさっぱり感とナンプラーがあと引くうまさ

材　料　1〜2人分（小皿つまみ）

生ハム（大）……………………………1枚
きゅうり………………………………1本
スペアミント…………………………120枚

A
- ナンプラー……………………小さじ1/2
- 米酢（または穀物酢）……………小さじ1/2
- 米油……………………………小さじ1

作り方

1 **A**は合わせておく。

2 きゅうりはヘタを切り、ビニール袋に入れて麺棒などで叩いて食べやすい大きさにする。

3 **2**を器に盛り、生ハム、スペアミントをちぎってのせ、**1**を回しかける。

ポイント　スペアミントは手でちぎって香りを立たせましょう。

［ペアリング］

日本酒　白ワイン

イタリアンパセリのハム巻き

パセリの香りを楽しむシンプルなおつまみ

材　料　2人分

イタリアンパセリ（5cmの長さにちぎる）……12枝
ロースハム（半分に切る）……3枚分
オリーブオイル……小さじ1
塩……ひとつまみ
レモン……1カット

作り方

1 イタリアンパセリは1/6量ずつ束ねてハムで巻き、爪楊枝やピックで留める。

2 1を器に盛り、オリーブオイルをかけて塩をふり、レモンを添える。

ポイント　お好みでレモンを絞ってください。

［ペアリング］

スパークリングワイン　白ワイン　ロゼワイン

パクチーとパイナップルのカプレーゼ

トロピカルなパイナップルの香りとパクチーの組み合わせが◎

材　料　2人分

モッツァレラチーズ……1個（100g）
パイナップル（カット済み）……100g
パクチー……1株
オリーブオイル……大さじ1
塩……ふたつまみ
こしょう……少々

作り方

1 モッツァレラチーズは食べやすい大きさにちぎり、パイナップルと交互に器に並べる。

2 パクチーの葉を摘んで散らし、塩、こしょうをふり、オリーブオイルを回しかける。

ポイント　モッツァレラチーズはちぎると食感がふんわりし、味の絡みもよくなります。パイナップルはコンビニなどで売っているカットフルーツを使うと便利です。

［ペアリング］

日本酒　スパークリングワイン　白ワイン

ゆでいかのミントマヨネーズ

ナンプラー入りのマヨネーズがミントといかの風味を引き立てる

材　料　2人分

いか（輪切り、ボイル済み）……………………… 100g
スペアミント……………………………………… 20枚
A ┌ マヨネーズ……………………………… 大さじ2
　 └ ナンプラー……………………………… 小さじ1/2
ピンクペッパー（あれば）………………………… 少量

作り方

1 いかを器に盛り付ける。

2 Aを混ぜ合わせ**1**にかける。スペアミントをちぎってのせ、ピンクペッパーを散らす。

ポイント

いかをボイルして使う場合は、スルメイカやヤリイカなどを生の状態で150g使います。
ピンクペッパーの代わりに黒こしょうを引いてもOK。

［ペアリング］

日本酒　ハイボール　白ワイン　ロゼワイン

クリームチーズのみょうがおかか

かつお節をまぶしたクリームチーズとみょうがでさっぱりと

材　料　2人分

クリームチーズ（1.5cmの角切り）……50g
みょうが（小口切り）……1個
かつお節……軽くひとつかみ
しょうゆ……小さじ1/2
黒こしょう……少量

作り方

1 クリームチーズをボウルに入れる。かつお節をまぶし、全体にいきわたるように転がす。

2 **1**を器に盛る。みょうがをのせてしょうゆをたらし、黒こしょうをひく。

ポイント　クリームチーズはつぶさないように、ボウルをふってコロコロと転がすようにかつお節をまぶします。

［ペアリング］

スモークサーモンのディルヨーグルト

さっぱりとしたヨーグルトとたっぷりのディルを合わせて

材　料　2人分

スモークサーモン……4枚
ディル……2枚
プレーンヨーグルト……大さじ2
オリーブオイル……小さじ1
塩……ふたつまみ

作り方

1 スモークサーモンを器に並べる。

2 プレーンヨーグルトに塩を加え混ぜ、**1**の横に添える。

3 ディルの葉をちぎってのせ、オリーブオイルを回しかける。

ポイント　お好みでこしょうをふったり、ケッパーを添えるのもおすすめです。ディルをサーモンにのせて、ヨーグルトをつけながら食べましょう。

[ペアリング]

日本酒　スパークリングワイン　白ワイン

ひんやり系即席おつまみ

暑い日はなるべくさっぱり、ひんやりしたものが食べたいですよね。
冷蔵庫に常備している食材をサッと取り出し、
パッと作って冷たいまま食べられるおつまみです。

しらすと薬味、たっぷりハーブのサラダ

たっぷりの薬味とハーブの風味にレモンの酸味がさわやかなサラダ

材　料　2人分

しらす	大さじ3（20～25g）
みつば（3cm幅に切る）	1束
赤玉ねぎ（薄くスライスして水にさらす）	1/4個
スペアミント	20枚
ディル	2～3枚
レモン（薄くスライスする）	1/6個分
粉山椒	適量
A　しょうゆ、レモン汁	各小さじ1
A　こしょう	少々
A　オリーブオイル	大さじ1

ポイント　みつばとハーブ類はやさしくふんわりと混ぜ合わせます。

作り方

1 みつばと赤玉ねぎをボウルに入れ、スペアミント、ディルをちぎって加え、ふんわりと混ぜる。器に盛り、レモンを散らす。

2 Aを合わせてドレッシングを作り、1に回しかける。

3 しらすをのせ、粉山椒をふる。

［ペアリング］

日本酒　レモンサワー　スパークリングワイン　白ワイン

スペアミント
ディル
みつば

たことクレソンの梅おかか和え

かつおの旨みとクレソンの香りの余韻を楽しむ

材　料　2人分

クレソン(3～4cmの長さに切る)……………………1束
ゆでたこ(1cmの厚さに切る)……………………100g
かつお節……………………………………軽くひとつかみ
梅肉(大、塩分8%)…………………………………1個分

A
- 米酢(または穀物酢)、しょうゆ、水…各小さじ1
- オリーブオイル………………………………大さじ1

作り方

1 Aは合わせる。梅肉を包丁で叩き、加えて混ぜる。

2 ボウルにクレソン、ゆでたこ、かつお節を入れて1を回しかけ、やさしく和えて器に盛る。

ポイント　かつお節を入れることで旨みが加わり、味がまとまります。ふんわりとやさしく和えましょう。

[ペアリング]

白ねぎときゅうりの豆板醤和え

ねぎのシャキシャキ感とピリッとした辛味が後を引く

材　料　2人分

白ねぎ……1/2本
きゅうり（細切り）……1本

A
- 豆板醤……小さじ1/2
- 米酢（または穀物酢）……小さじ1
- しょうゆ……小さじ1
- きび砂糖……小さじ1/2
- ごま油……大さじ1

白いりごま……適量
塩、こしょう……各少々

作り方

1 白ねぎは縦半分に切って斜めに薄切りにし、10分ほど水にさらして水気をしっかりと切る。

2 Aは合わせる。

3 **1**ときゅうりをボウルに入れ、**2**を回しかける。ふんわりと和え、白いりごまをふり入れて、塩、こしょうで味を調え、器に盛る。

ポイント　時間が経つとしんなりするので、食べる直前に和えてください。

[ペアリング]

ビール　日本酒　焼酎　ハイボール

えびのさっぱり薬味ソース

さわやかなみょうがとしょうがのソースが
ゆでたえびにピッタリ！

材　料　2人分

えび（殻付き）……………………………………………6尾
みょうが（小口切り）………………………………………1個
しょうが（みじん切り）……………………………………1片

A
- レモン汁、しょうゆ………………………………各小さじ1
- こしょう…………………………………………………少々
- ごま油……………………………………………大さじ1と1/2

作り方

1 えびは竹串で背わたをとり、塩（分量外）を加えた熱湯で2分ほどゆでる。粗熱が取れたら殻を剥く。

2 みょうがとしょうがをボウルに入れ、**A**を加えて混ぜ合わせる。

3 **1**を器に盛り、**2**をかける。

ポイント　えびは殻付きの方が香りよく、おいしくゆで上がります。

［ペアリング］

かいわれ大根と油揚げのおかか和え

シャキシャキとしたかいわれ大根にサクッとした油揚げがアクセント

材　料　2人分

かいわれ大根……………………………………1パック
油揚げ……………………………………………………1枚
かつお節………………………………軽くひとつかみ

A
- しょうゆ、ごま油…………………………各小さじ1
- みりん…………………………………………小さじ1/2

作り方

1. かいわれ大根は根を切り落とす。油揚げはトースターでカリッとするまで焼き、約1.5cmの角切りにする。
2. ボウルに**A**を入れて混ぜ合わせ、**1**とかつお節を加えてさっと和える。器に盛る。

ポイント　ふんわりさっと和える程度でOKです。

[ペアリング]

サーモンのコチュジャン和え 大葉包み

ねっとり濃厚なサーモンを風味豊かな大葉の香りで包む

材　料　2人分

サーモン（刺身用、食べやすい大きさの棒状に切る）……………………………………………………100g
大葉……………………………………………………10枚

A
- にんにく（すりおろし）…………………………少々
- コチュジャン…………………………………小さじ1
- 穀物酢（または米酢）…………………………小さじ1
- 醤油……………………………………………小さじ1
- ごま油…………………………………………小さじ1

白いりごま…………………………………………適量

作り方

1. **A**は合わせる。
2. サーモンをボウルに入れ、**1**を加えて和える。
3. **2**を器に盛り、白いりごまをふって大葉を添える。

ポイント　適量を大葉にのせて包んで食べましょう。大葉は葉の裏側に香り成分のカプセルがあるため、裏側が外側になるように巻くと口に入れた瞬間に香りが広がります。

[ペアリング]

かいわれ大根と油揚げのおかか和え

サーモンのコチュジャン和え 大葉包み

ちくわときゅうりのねぎディルマヨネーズ

ちくわのイメージを変える青ねぎとディルの組み合わせ

材　料　2人分

ちくわ（斜めに5mm幅に切る）……………………3本
きゅうり（細切り）………………………………… 1/2本
青ねぎ（斜め切り）………………………………2～3本
ディル ………………………………………………2～3枝

A
- マヨネーズ…………………………… 大さじ3
- しょうが（すりおろし）……………… 小さじ1/2
- レモン汁 ……………………………… 小さじ1/2
- しょうゆ ……………………………… 小さじ1/2
- こしょう………………………………………… 少々

作り方

1 **A**は合わせておく。

2 ボウルにちくわ、きゅうり、青ねぎを入れ、ディルをちぎって加える。

3 **2**に**1**を加えて和え、器に盛る。

ポイント　**A**の分量はお好みで調整しましょう。

［ペアリング］

パセリとりんごのサラダ

パセリの香りとりんごの甘みがよく合うさっぱりサラダ

材　料　2人分

パセリ（葉を粗く刻む）……………………………15g
りんご（いちょう切り）…………………………1/4個
ロースハム（薄切り）………………………………2枚

A
- 白ワインビネガー（または穀物酢など）……………………………………………小さじ1
- 塩……………………………………ふたつまみ
- こしょう……………………………………少々
- オリーブオイル…………………………大さじ1

作り方

1 ロースハムは半分に切り1cm幅に刻む。

2 **A**を合わせてドレッシングを作る。

3 パセリ、りんご、**1**をボウルに入れ、**2**を回しかけて和え、器に盛る。

[ペアリング]

スパークリングワイン　白ワイン

ポイント　パセリは葉だけを使います。

スペアミント

ゆで豚とミントのレタス巻き

豚肉とミントをレタスで巻き、ピリ辛ダレで食べるヘルシーな１品

材　料　2人分

豚肉（薄切り）……100g
スペアミント……25～30枚
サニーレタス……2～3枚

A
- 白ねりごま……大さじ1
- 穀物酢（または米酢）……小さじ1
- しょうゆ……小さじ1
- きび砂糖……小さじ1/2
- ラー油……小さじ1/3

塩……少々

作り方

1 鍋に湯を沸かし、豚肉を1分ほどゆでる。バットにあげて軽く塩をふる。

2 Aを合わせてタレを作る。

3 適当な大きさにちぎったサニーレタス、**1**、スペアミントを器に盛り、小皿に入れた**2**を添える。

ポイント
レタスに豚肉とミントをのせて包み、タレをつけて食べましょう。
豚肉はお好みの部位でどうぞ。

[ペアリング]

ビール　ハイボール　しっかりめの白ワイン　軽めの赤ワイン

ゆで卵のザーサイパクチー

ザーサイとパクチーの組み合わせがクセになる一品

材　料　2人分

ゆで卵……………………………………………2個
ザーサイ（味付、粗く刻む）………………20g
パクチー（根を切り、1cm幅に刻む）…………1株
ごま油…………………………………………小さじ2
こしょう…………………………………………少量

ポイント　ゆで卵はお好みの固さにしましょう。辛いのが好きな方は、仕上げにラー油をかけるのもおすすめです。

作り方

1 ゆで卵は半分に切り、器に盛る。
2 1にザーサイ、パクチーをのせてごま油を回しかけ、こしょうをふる。

[ペアリング]

ビール　日本酒　焼酎　ハイボール　紹興酒

パセリとコーンのサラダ

チリパウダーでメキシカンな味。ソテーした肉に添えると華やかに！

材　料　2人分

パセリ（葉を粗く刻む）……15g
ホールコーン（缶、汁気を切る）……100g
チリパウダー……4〜5ふり
粉チーズ……小さじ1

A
- ライム果汁（またはレモン果汁）……大さじ1/2
- 塩……ふたつまみ
- こしょう……少々
- 米油……大さじ1

ポイント

チリパウダーは唐辛子ベースのスパイスブレンドです。お好みで量を調整しましょう。

作り方

1 Aを合わせてドレッシングを作る。

2 ボウルにパセリ、コーン、チリパウダー、粉チーズを入れ、**1**を回しかけて和える。器に盛る。

［ペアリング］

ビール　ハイボール　スパークリングワイン

あったか系即席おつまみ

季節を問わず、一品は欲しくなるのがあったかいおつまみ。
炒めたり揚げたりすることで、ハーブや薬味の風味がなじみ
深みのある味わいになります。

薬味たっぷり トマト麻婆豆腐

さっぱり薬味に合う、トマトの酸味が心地よい麻婆豆腐

材　料　2人分

青ねぎ（小口切り）……1〜2本
みょうが（小口切り）……1個
ディル……2〜3枝
絹ごし豆腐……300g
合いびき肉……100g
トマト……1個
豆板醤……小さじ1/2
片栗粉（少量の水で溶く）……大さじ1
にんにく、しょうが（みじん切り）……各小さじ1
米油……大さじ1
花椒粉（または山椒粉）……少々

A
- 水……100ml
- 鶏がらスープの素……小さじ1/2
- 酒、しょうゆ、オイスターソース……各大さじ1
- こしょう……少々

作り方

1 豆腐はキッチンペーパーで水気をとり、2cm角に切る。トマトは一口大に切る

2 フライパンを弱火にかけ、米油、にんにく、しょうが、豆板醤、合いびき肉を入れて炒める。肉に火が通ったら**A**を加えて中火にする。

3 沸騰したら**1**を加え、蓋をして2〜3分煮る。水溶き片栗粉でとろみをつけ、器に盛る。花椒粉をふり、青ねぎ、みょうが、ちぎったディルをのせる。

ポイント
豆腐とトマトを煮てからとろみをつけると、食材から出る水分で味が薄まることを防ぎます。

【ペアリング】

ビール　レモンサワー　ロゼワイン　赤ワイン

汁なしパセリワンタン

仕上げにキュッっと絞るレモンの酸味で味が決まる

材　料　2人分

ワンタンの皮……………………15〜16枚
豚ひき肉……………………100g
パセリ（葉を粗く刻む）……………………10g
玉ねぎ（みじん切り）……………………1/4個

A
- 片栗粉……………………小さじ1/2
- ごま油……………………小さじ1/2
- しょうゆ……………………小さじ1/2
- しょうが（すりおろす）……………………小さじ1/2
- 塩……………………小さじ1/4
- こしょう……………………少々

レモン……………………1カット
しょうゆ……………………適量

作り方

1 ボウルに豚ひき肉を入れ、パセリ、玉ねぎ、**A**を加えて粘り気が出るまでよく混ぜる。

2 **1**をワンタンの皮にティースプーン1杯ほどのせて半分に折って包み、水をつけてとじる。残りもすべて包む。

3 **2**を熱湯に入れ、浮いてきたら2分ほどゆでる。すくい網ですくい、器に盛りつける。しょうゆをかけ、レモンを絞る。

ポイント

時間が経つと皮がつくので、ゆでたてを食べるのがおすすめです。肉だねは入れすぎると火が通りにくくなるので注意。

［ペアリング］

ビール　ハイボール　レモンサワー

ローズマリーワンタンチップス

ローズマリーと一緒に食べるやめられないワンタンの皮のチップス

材　料　ワンタンの皮10〜15枚分

ワンタンの皮……10〜15枚
ローズマリー……4〜5枝
塩、こしょう……各少々
米油……フライパンの底から1cm程度
粉チーズ……お好みで

ポイント

小さめのフライパンを使うとローズマリーの香りがしっかり行き渡ります。ローズマリーは焦げないうちに取り出しましょう。残ったオイルはキッチンペーパーなどで濾して、肉のソテーやパスタに使用できます。

作り方

1 ワンタンの皮は3等分の長方形に切る。

2 フライパンに米油、ローズマリーを入れて中火にかける。180℃程度に温まったら**1**を入れ、こんがりとするまで揚げ、油を切る。

3 **2**に塩、こしょうをふり、ローズマリーと一緒に器に盛る。お好みで粉チーズをふる。

[ペアリング]

スペア
ミント

鶏ささ身の梅ミント春巻き

ミントと梅の香りが程よくマッチ。ミントはたっぷりと！

材　料　5本分

春巻きの皮……………………………………………5枚
鶏ささ身…………………………………3本（約150g）
スペアミント……………………………………約30枚
梅肉（大、塩分8%のもの）……………………2個分
みりん………………………………………………小さじ1
片栗粉………………………………………………小さじ1
シュレッドチーズ…………………………………30g
水溶き小麦粉（小麦粉を少量の水で溶く）…… 少量
米油……………………フライパンの底から1cm程度

作り方

1 鶏ささ身は筋をとり、斜めに1cm幅に切る。梅肉は粗く刻む。合わせてボウルに入れ、みりん、片栗粉を加えて混ぜ合わせる。

2 春巻きの皮の中央に**1**、シュレッドチーズ、スペアミントを1/5量ずつのせる。手前から皮をかぶせてくるりと巻き、両端を折り込んで、巻き終わりに水溶き小麦粉をつけてとじる。

3 フライパンに米油を入れ、弱めの中火で熱する。**2**を入れ、こんがりと色がつくまで途中裏返して5分ほど揚げ焼きにする。器に盛る。

ポイント

油の温度は160℃程度です。

[ペアリング]

スペアミント

白ねぎ

ミント北京ダック

残った春巻きの皮で食べるミント風味の北京ダック

材　料　10個分

春巻きの皮……………………………5枚
鶏もも肉 ……………………1枚(約300g)
スペアミント………………………約50枚
きゅうり(3等分の長さの細切り)….1本
白ねぎ(5cmの長さの千切り)….10cm
甜麺醤(テンメンジャン)…………… 適量
塩、こしょう………………………… 各少々
米油 …………………………………… 適量

作り方

1 春巻きの皮は1枚ずつ剥がして斜めに半分に切る。耐熱皿に重ねてのせ、水で濡らして固く絞ったキッチンペーパーをかぶせてラップをし、600wの電子レンジで15秒ほど加熱する。

2 鶏もも肉に塩、こしょうをふる。米油を引いたフライパンに皮目を下にして入れ、弱めの中火で加熱し、皮目がパリッとしたら裏返して火が通るまで焼く。粗熱が取れたら薄切りにする。

3 **1**を長い辺が向こう側になるように置き、中心の縦方向にきゅうり、白ねぎ、**2**をのせ、甜麺醤をかけてスペアミントを置き、下から角をかぶせて片側から巻き込む。器に盛る。

ポイント

春巻きの皮は加熱してあるのでそのままでも食べることができます。
皿に春巻きの皮、鶏肉、スペアミント、きゅうり、白ねぎを盛り、テーブルで巻きながら食べるのもおすすめです。

[ペアリング]

ビール　ハイボール　スパークリングワイン　赤ワイン　紹興酒

大葉チーズの油揚げピザ

チーズとみそダレでコク豊か。山盛りにのせた大葉が主役

材　料　2人分

油揚げ(半分に切る)……2枚
シュレッドチーズ……40g
大葉(千切り)……8枚

A
- みそ……小さじ2
- みりん……小さじ2
- にんにく(すりおろし……少々

作り方

1 Aを合わせてみそダレを作る。

2 油揚げに**1**を塗り、シュレッドチーズをのせる。

3 **2**をトースターで5分ほど、こんがりとするまで焼き、大葉をのせて器に盛る。

ポイント　トースターはメーカーによって出力が異なります。目安は200℃程度で約5分です。

[ペアリング]

バジルとツナの卵焼き

ジュワッとジューシー。ふんわり食感のやさしい味

材　料　2人分

卵……3個
ツナ（缶、汁気を軽く切る）……1缶（70g）
バジル……約15枚
塩、こしょう……各少々
米油……大さじ2

ポイント

焼く前にフライパンは十分に熱し、多めの油で焼くとふんわりと仕上がります。仕上げに粉チーズをかければイタリア風に、スイートチリソースをかければタイ風に。お酒に合わせて味付けのアレンジを試してください。

作り方

1 卵はボウルに割り入れて溶きほぐす。ツナ、塩、こしょうを加え、バジルを大きめにちぎって入れ、軽く混ぜ合わせる。

2 フライパンを強火にかけて米油を引き、十分に温まったら**1**を流し入れ、菜箸で大きく4〜5回混ぜ、こんがりと色づくまで焼く。

3 **2**を裏返して反対の面も焼く。食べやすく切り、器に盛る。

[ペアリング]

ビール　ハイボール　白ワイン

ソーセージとブロッコリーの にんにくバジルソテー

にんにくの香りが食欲をそそるビールにぴったりのおつまみ

材　料　2人分

ソーセージ（斜めに半分に切る）…………………4本（約80g）
ブロッコリー（小房に切り分ける）…………1/2株（約100g）
にんにく（2〜3mmにスライスする）…………………………2片
バジル（大きければ半分にちぎる）……………………7〜8枚
粒マスタード……………………………………………小さじ1
水……………………………………………………………大さじ1
塩、こしょう……………………………………………………少々
オリーブオイル…………………………………………大さじ1

作り方

1 フライパンにオリーブオイルとにんにくを入れて弱火にかけ、にんにくがシュワシュワしてきたらブロッコリーとソーセージを加えて炒める。

2 全体に油が回ったら水を加え、蓋をして時々返しながら5〜6分蒸し焼きにする。

3 ブロッコリーに火が通ったら蓋をとり、バジル、粒マスタードを加えて絡めるように炒める。塩、こしょうで味を調え、器に盛る。

ポイント

にんにくは薄く切りすぎると焦げるので、やや厚めにスライスします。バジルは香りが飛ばないよう、最後に加えます。

［ペアリング］

ビール　ハイボール　レモンサワー　白ワイン

れんこんのバジル唐揚げ

お酒が進む、ドライバジルのスパイシーな香り

材　料　2人分

れんこん（1cm弱の厚さの輪切り）…………200g
バジル（ドライ、細かくする）…………………小さじ1
にんにく（すりおろし）……………………………少々
しょうゆ…………………………………………大さじ1
片栗粉……………………………………………適量
米油………………… フライパンの底から1cm程度

作り方

1 れんこんをボウルに入れ、バジル、にんにく、しょうゆを加えて全体を混ぜ、10分ほど味をなじませる。水気が出たら軽く切る。

2 **1**の全体に片栗粉をまぶす。

3 フライパンに米油を入れて中火で熱し、**2**を入れてこんがりと色づくまで揚げ焼きにする。器に盛る。

ポイント　**1**で調味料をしっかりと絡めると、味が全体に行き渡ります。

［ペアリング］

ビール　日本酒　ハイボール　白ワイン

パセリとじゃこのかき揚げ

パセリがフワッと香るかき揚げ、じゃこの塩気がよいアクセントに

材　料　直径4〜5cmのかき揚げ約6個分

パセリ（葉を小さめに摘む）……………………………15g
ちりめんじゃこ…………………… 大さじ2（約10g）
薄力粉………………………………………… 大さじ5
炭酸水………………………………………… 大さじ6
米油 ………………… フライパンの底から1cm程度

ポイント　パセリは油に入れるとフワッと広がるので、しばらく菜箸でそっと押さえましょう。お好みで塩やしょうゆをかけても。

作り方

1 ボウルに薄力粉、炭酸水を入れて混ぜ合わせ、パセリ、ちりめんじゃこを入れて全体を混ぜる。

2 フライパンに米油を入れて中火にかけ、170℃程度に温める。

3 **1**を1/6量ずつスプーンですくい、菜箸で押さえながらすべらせるように入れ、途中裏返して2〜3分揚げる。油を切り、器に盛る。

[ペアリング]

ビール　日本酒　焼酎　ハイボール　レモンサワー　スパークリングワイン　白ワイン

手羽中ととうもろこしのローズマリーソテー

手づかみでカジュアルに食べたい“つまみ”の王道

材　料　2人分

手羽中……………………………………………200g
とうもろこし…………………………………………1本
ローズマリー ……………………………………4〜5枚
塩……………………………………………小さじ1/3
しょうゆ ………………………………………小さじ1
こしょう…………………………………………少々
米油 ………………………………………………適量

作り方

1 手羽中は塩をまぶす。とうもろこしは皮を剥き、3等分の長さに切り、さらに縦に4等分に切ってスティック状にする。

2 フライパンを弱火にかけ、米油、ローズマリーを入れる。香りが立ったら**1**を入れ、蓋をして時々裏返しながら、焼き色がついて火が通るまで7〜8分焼く。

3 しょうゆを回しかけ、こしょうを引く。器に盛り、ローズマリーをのせる。

ポイント　とうもろこしは硬いので、包丁で手を切らないように注意しましょう。ローズマリーは途中焦げそうになったら肉の上にのせてください。

[ペアリング]

みつばと桜えびのさっと炒め

みつばをさっと炒めるたけのお手軽小皿つまみ

材　料　2人分

糸みつば（根を切り5cmの長さに切る）…… 2束（70～100g）
油揚げ（縦半分に切り1cm幅に切る）…… 1枚
桜えび（乾燥）…… 大さじ1
酒 …… 大さじ1
米油 …… 大さじ1
塩、こしょう …… 各少々

作り方

1 フライパンを中火にかけて米油を引き、油揚げ、桜えびを炒める。

2 香ばしい香りがしてきたら、みつばを加えて30秒ほど炒める。酒を回しかけて塩、こしょうで味を調え、器に盛る。

ポイント　みつばはすぐにしんなりとするので、食感が残るよう短時間で仕上げます。糸みつばの代わりに、茎が太くしっかりとした根みつばを使うと、より香り強く仕上がります。

[ペアリング]

ビール　日本酒　焼酎

ししゃものハーブソテー

ししゃもをハーブとバターでソテーした洋風おつまみ

材　料　2人分

ししゃも……………………………………………6尾
タイム ………………………………………… 7～8枝
にんにく（つぶす） ………………………………1片
薄力粉…………………………………………… 少量
バター ……………………………………………10g
オリーブオイル ………………………………大さじ1
レモン………………………………………………1カット

作り方

1. ししゃもに薄力粉を薄くまぶす。
2. フライパンにオリーブオイル、にんにく、タイムを入れて弱火にかけ、タイムから細かい気泡が出てきたら**1**を入れる。
3. 中火にして、焼き色がついたら裏返す。バターを加え溶かし、反対の面にも焼き色がついたら仕上げに鍋肌からレモンを絞り入れる。タイムと一緒に器に盛り、フライパンに残ったソースを上にかける。

ポイント　タイムは熱い油に入れるとはねるので、火にかける前に入れましょう。

［ペアリング］

ビール　ハイボール　レモンサワー　スパークリングワイン　樽香のないさっぱりとした白ワイン

豚バラのにんにく煮

豚バラとにんにくを丸ごとシンプルに煮込んだ一品

材　料　2人分

豚バラ肉（ブロック）……250g
にんにく……5〜6粒

A
- だし昆布……5cm角程度
- 水……150ml
- 酒……100ml
- 輪切り唐辛子……ひとつまみ

薄口しょうゆ（なければしょうゆ）……小さじ1
塩……小さじ1/3

作り方

1. 豚バラ肉は1cmの厚さに切る。にんにくは薄皮をむく。
2. フライパンを中火にかけ、油を引かずに豚バラ肉を入れ、両面に焼き色がつくまで焼く。
3. 鍋に**A**を入れ、**2**、にんにくを加えて火にかける。沸騰したらアクをとり、薄口しょうゆ、塩を加える。アルミホイルで落とし蓋をし、弱火で30分ほど煮る。器に盛る。

ポイント

にんにくは事前に5分ほど水に浸けておくと薄皮が剥きやすくなります。
豚バラ肉をフライパンで焼くことで脂を落とします。出た脂はとっておけば、餃子やチャーハンなどを作るときに使えます（冷蔵庫で1週間ほど保存可能）。

［ペアリング］

ビール　日本酒　焼酎

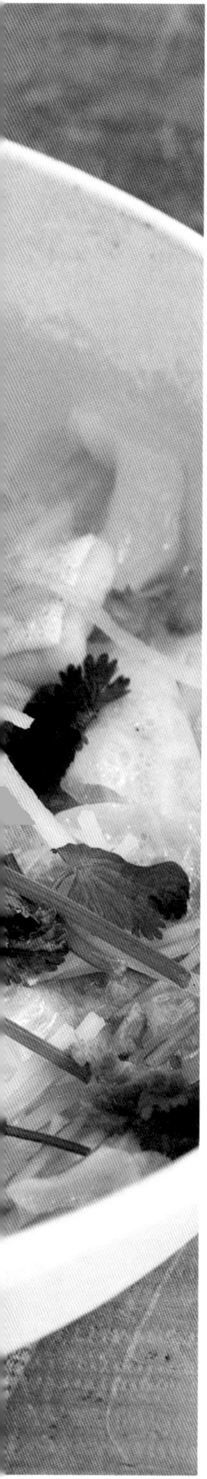

塩たらとキャベツの パクチーしょうが蒸し

パクチーとしょうがの香りが効いた、
フライパンでさっと蒸しあげる魚料理

材　料　2人分

塩たら（甘塩）……2切れ
キャベツ……1/6個
パクチー……2株
しょうが（千切り）……10g
酒……大さじ2
ナンプラー……小さじ1/2
米油……大さじ1

作り方

1 キャベツは一口大にちぎり、芯の部分は包丁の腹でつぶす。パクチーは根を切り、葉を2cmのざく切りにする。根は取っておく。

2 フライパンを中火にかけて米油を引き、パクチーの根、キャベツを入れて油が回るまで炒め、弱火にして塩たらを並べてのせる。酒、ナンプラーを回しかけ、しょうがを散らして蓋をして5分ほど蒸し焼きにする。

3 **2**にパクチーの葉をのせ、さらに1〜2分蒸し焼きにする。器に盛る。

ポイント　素材から水分を出すため、弱火で蒸し焼きにします。

［ペアリング］

ビール　日本酒　焼酎　レモンサワー　白ワイン

作り置きできるおつまみ

時間が遅くなって一から作るのが面倒になるのはよくあること。
作り置きおつまみは困ったとき、忙しいときの強い味方。
平均３～４日程度日持ちするので、多めに作っておきましょう。

きのこのにんにくオイルマリネ

酸味がなく食べやすいマリネ。
アツアツでも冷やしてもおいしい

材　料　2〜3人分

まいたけ……………………………………100g
しめじ………………………………………100g
えのき………………………………………100g
にんにく（粗みじん切り）………………3片
赤唐辛子（輪切り）……………ひとつまみ
しょうゆ…………………………………小さじ1
塩……………………………………小さじ1/2
こしょう……………………………………少々
米油…………………………………大さじ4

ポイント

きのこは焼くと縮むので大きめに準備しましょう。にんにくは焦げないように、細かい気泡が出てきたらきのこ類を加えます。好みのきのこを加えてアレンジするのもおすすめです。

◎日持ちは冷蔵庫で4〜5日程度。

作り方

1 まいたけは食べやすい大きさに割く。しめじとえのきは石突きを切り、食べやすい大きさにほぐす。

2 フライパンを弱火にかけ、米油、にんにく、赤唐辛子を入れて炒める。香りが立ったら**1**を加え、中火にして焼き色をつけるように炒める。

3 **2**に塩、こしょうをふり、しょうゆを回しかける。器に盛る。

［ペアリング］

ビール　ハイボール　スパークリングワイン　白ワイン　赤ワイン

かぼちゃのヨーグルトディルサラダ

ヨーグルトを入れることでかぼちゃがさっぱり味に

材　料　2人分

かぼちゃ（正味量）……………………300g
塩、こしょう……………………各少々
ディル……………………2枝
プレーンヨーグルト……………………大さじ2
マヨネーズ……………………大さじ2
くるみ（粗く刻む）……………………適量

作り方

1 かぼちゃは3cm角に切る。耐熱皿に並べて表面に水をつけ、ラップをふんわりかぶせて600wの電子レンジで5〜6分加熱する。

2 **1**をボウルに移し、フォークで粗く潰す。塩、こしょうで下味をつける。

3 粗熱がとれたらディルの葉をちぎって入れ、プレーンヨーグルト、マヨネーズを加えて和える。器に盛り、くるみを散らす。

ポイント

粗熱を取ってから混ぜることでマヨネーズの分離を防ぎ、なめらかに仕上がります。

◎日持ちは冷蔵庫で3〜4日程度。

［ペアリング］

日本酒　白ワイン　赤ワイン

ちくわと青ねぎのポテトサラダ

塩もみした青ねぎの食感が心地よく、ほんのりとした辛味がアクセント

材　料　2～3人分

じゃがいも……………………………… 大2個(約350g)
ちくわ(5mm幅の輪切り)………… 3本(70～80g)
青ねぎ(小ねぎ、3cm幅に切る)…………… 4～5本
きゅうり(小口切り) ………………………………… 1/2本
マヨネーズ ………………………………………… 大さじ3
米酢(または穀物酢) ………………………… 小さじ1
塩 …………………………………………………… 小さじ1/3
こしょう…………………………………………………… 少々

作り方

1 じゃがいもはたっぷりの湯で、皮付きのまま柔らかくなるまでゆでる。熱いうちに皮を剥き、ボウルに入れて粗くつぶし、塩、こしょう、米酢をふる。ざっと混ぜ、粗熱をとる。

2 青ねぎ、きゅうりはそれぞれ塩少々(分量外)を加えてもみ、10分ほどおいて水気を絞る。

3 **1**に**2**、ちくわ、マヨネーズを加えて混ぜ合わせる。器に盛る。

ポイント

じゃがいもは下味をつけて粗熱をとることで味がはっきりとし、マヨネーズの分離も防ぎます。

◎日持ちは冷蔵庫で3～4日程度。

[ペアリング]

鶏肉となすのトマト煮込み タイム風味

トマトソースにタイムは定番の相性の良さ。
冷たくても温かくても◎

材　料　2〜3人分

鶏もも肉（一口大に切る）……………………………1枚
塩、こしょう、薄力粉（鶏もも用）…………各適量
なす（乱切り）………………………………………3本
玉ねぎ（薄くスライスする）……………………1/2個
タイム…………………………………………7〜8枝
にんにく（みじん切り）…………………………1片
ホールトマト（缶）…………………………………1缶
白ワイン……………………………………大さじ3
きび砂糖…………………………………大さじ1/2
塩………………………………………小さじ1/2
オリーブオイル……………………………大さじ2

作り方

1 鶏もも肉に塩、こしょうで下味をつけ、薄力粉を薄くまぶす。フライパンを中火にかけ、オリーブオイル（分量外）を引く。鶏もも肉となすを入れ、焼き目がつくまで焼いて一旦取り出す。

2 同じフライパンにオリーブオイル、にんにくを入れて弱火で炒め、香りが立ったら玉ねぎを加え炒める。しんなりしたらきび砂糖、塩を加えてさっと炒める。

3 **2**に白ワインを回しかけ、アルコールが飛んだらホールトマトを加えて木ベラなどで軽くつぶす。タイムを加えて**1**を入れ、蓋をして弱火で20分ほど煮込む。

ポイント

きび砂糖は、玉ねぎを炒めた後に加えると自然な甘みに仕上がります。白ワインはアルコールを飛ばすと同時に水分も飛び、旨みが凝縮します。オリーブを入れて一緒に煮込むのもおすすめです。

◎日持ちは冷蔵庫で3〜4日程度。

［ペアリング］

イタリアンパセリのパスタサラダ

イタリアンパセリとオリーブがたっぷり絡むパスタサラダ

材　料　2人分

好みのショートパスタ(写真はフジッリ)……100g
ロースハム……3枚
赤玉ねぎ(みじん切り)……1/8個
黒オリーブ(種抜き、輪切りにする)……10粒
イタリアンパセリ……5〜6枚
米油(パスタにまぶす用)……適量

A
白ワインビネガー……小さじ2
レモン汁……小さじ1
オリーブオイル……大さじ2
塩……小さじ1/4
こしょう……各少々

作り方

1 ショートパスタは、塩(分量外)を加えた熱湯で表示時間より1分ほど長くゆで、ザルにあげて米油をまぶす。**A**はよく混ぜ合わせる。

2 赤玉ねぎは塩(分量外)でもみ、水気をしぼる。ロースハムは半分に切り、2〜3mm幅に刻む。イタリアンパセリはみじん切りにする。

3 ショートパスタをボウルに入れ、**2**、黒オリーブを加え、**A**を回しかけて全体を和える。器に盛る。

ポイント

ショートパスタは芯が残りやすいので早ゆでタイプ以外は少し長めにゆでます。イタリアンパセリは茎が柔らかければ一緒に刻み入れても大丈夫。

◎日持ちは冷蔵庫で3〜4日程度。

[ペアリング]

いんげんのアンチョビーバジルサラダ

アンチョビーとバジルが香るさっぱり味の作り置きサラダ

材　料　2人分

いんげん(ヘタを切り落とし、半分に切る)…… 120g
バジル……5〜6枚
玉ねぎ(みじん切り)……1/4個
くるみ(粗く刻む)……20g
アンチョビー(フィレー、5mm幅に刻む)……10g

A
- 白ワインビネガー……小さじ2
- しょうゆ……小さじ1
- 米油……大さじ1
- 塩、こしょう……各少々

作り方

1 **A**は合わせる。

2 いんげんは塩少々(分量外)を加えた熱湯で2分ほどゆで、冷水にとり、冷めたらザルにあげる。玉ねぎは塩(分量外)でもみ、水気を絞る。

3 **2**、くるみ、アンチョビーをボウルに入れ、バジルを粗く刻んで加える。**1**を回しかけ、全体を和えて器に盛る。

ポイント

いんげんは時間が経っても色が悪くならないよう、ゆでた後は冷水で急冷しましょう。

◎日持ちは冷蔵庫で2〜3日程度。

[ペアリング]

ビール　ハイボール　スパークリングワイン　白ワイン　軽めの赤ワイン

さばとグレープフルーツのディルマリネ

さば缶を使った簡単マリネ。ディルの風味が柑橘の酸味にマッチする

材　料　2人分

さばの水煮缶……………………………1缶（固形量100g～150g）
グレープフルーツ（ピンクでもホワイトでもOK）…………1/2個
ディル ……………………………………………………………… 2～3枝
きゅうり（小口切り）………………………………………………1/2本
赤玉ねぎ（または玉ねぎ、薄くスライスする）…………………1/4個

A
- 白ワインビネガー………………………………………… 大さじ1
- にんにく（すりおろし） ……………………………………… 少々
- きび砂糖……………………………………………………小さじ1/2
- 塩 ………………………………………………………… 小さじ1/3
- こしょう ……………………………………………………… 少々
- オリーブオイル ……………………………………………大さじ2

作り方

1 さばは缶汁を切る。グレープフルーツは皮を剥き、適当な大きさにちぎる。きゅうり、赤玉ねぎは合わせて塩（分量外）でもみ、10分ほどおいて水気を絞る。

2 大きめのボウルに**A**を入れてよく混ぜ、**1**を入れ、ディルをちぎって加える。さばを軽くほぐしながら全体を和え、ラップをして冷蔵庫で30分ほどなじませる。

ポイント

きゅうりと赤玉ねぎは、塩もみをしてしっかりと水気を切っておくと味のなじみがよくなり、時間が経っても全体の味が薄くなりません。グレープフルーツの代わりに好みの柑橘類を使ってもOKです。

◎日持ちは冷蔵庫で3～4日程度。

［ペアリング］

日本酒（冷酒）　レモンサワー　スパークリングワイン　ロゼワイン　軽めの赤ワイン

かぶと生ハムのみょうがマリネ

みょうがが効いたさっぱりマリネは箸休めにもおすすめ

鶏肉のにらねぎ南蛮漬け

主役のにらとねぎをたっぷり食べられるマイルド味

みょうが

材料　2〜3人分

かぶ（中）……3個
生ハム（食べやすい大きさにちぎる）……20g
みょうが（千切り）……3個

A
- レモン汁……小さじ2
- 白ワインビネガー（または穀物酢や米酢）……小さじ2
- きび砂糖……小さじ1
- 塩……小さじ1/3
- こしょう……少々
- 米油……大さじ2

ポイント

かぶはあらかじめ塩もみすることで、時間が経っても全体の味が薄くなりません。冷蔵庫に入れて30分程度味をなじませましょう。

◎日持ちは冷蔵庫で3〜4日程度。

作り方

1 かぶは皮を剥き、縦半分に切って繊維に反して2〜3mmのスライスにする。塩（分量外）でもみ、10分ほどおいて水気を絞る。

2 大きめのボウルに**A**を入れ、混ぜ合わせる。みょうがを加えてしんなりとするまでなじませる。

3 **2**に**1**、生ハムを加え、全体を和える。器に盛る。

［ペアリング］

にら
白ねぎ

材料　2〜3人分

鶏むね肉……1枚（約300g）
にら（3〜4cm幅に切る）……1束
白ねぎ（斜め薄切り）……1本
にんじん（千切り）……40g
塩、こしょう……各少々
片栗粉……大さじ2
米油……大さじ3

A
- 黒酢、しょうゆ……各大さじ3
- 水……大さじ2
- みりん、酒、きび砂糖……各大さじ1
- 赤唐辛子（輪切り）……ひとつまみ

ポイント

冷蔵庫で半日ほどおき、味をなじませるとよりおいしくなります。野菜はシャキッとした食感が残るようにさっと炒めましょう。黒酢でマイルドに仕上げていますが、なければ普通のお酢でもOKです。

◎日持ちは冷蔵庫で3〜4日程度。

作り方

1 鶏むね肉は一口大の削ぎ切りにし、塩、こしょうで下味をつけて片栗粉をまぶす。**A**は合わせる。

2 フライパンを中火にかけて米油を引き、鶏むね肉を入れる。両面に色がつき、火が通るまで焼いて耐熱性の保存容器に移す。

3 同じフライパンににら、白ねぎ、にんじんを加え、さっと炒めて**2**に加える。さらに同じフライパンにAを入れ、一煮立ちさせ野菜の上から回しかける。軽く和え、粗熱をとる。

［ペアリング］

チーズとオリーブのハーブオイル漬け

冷蔵庫にあるとうれしい安心感のある常備つまみ

材　料　作りやすい分量

モッツァレラチーズ（チェリータイプ）1パック（約100g）
グリーンオリーブ（またはブラックオリーブ）……15粒
ドライハーブミックス（お好みで）………小さじ1/2
*作り方はP.75参照
塩麹……………………………………………小さじ1/2
オリーブオイル………………………………大さじ2程度
米油……………………………………………大さじ2程度

ポイント

少し旨みが加わるので塩麹を入れるのがおすすめです。保存容器の大きさにより、オイルの量が変わります。作ってから3日ほどおくと味と香りがなじみ、よりおいしくなります。

◎日持ちは冷蔵庫で1週間程度。

作り方

下準備：保存容器はあらかじめアルコールスプレーなどで消毒しておく。

1. モッツァレラチーズ、グリーンオリーブは、キッチンペーパーで軽く水気をとる。
2. 保存容器に**1**、ドライハーブミックス、塩麹を入れ、オリーブオイルと米油を食材がかぶる程度注ぐ。
3. スプーンで混ぜ、蓋をして冷蔵庫で保存する。

［ペアリング］

日本酒　スパークリングワイン　白ワイン　ロゼワイン　赤ワイン

なすとツナのミントマリネ

ミントが香り立つさわやかな酸味がクセになる

材　料　2人分

なす……3本
ツナ(缶詰)……1缶(70g)
スペアミント……約20枚
オリーブオイル(なすを焼く用)……適量

A
- リンゴ酢(または穀物酢や米酢)……大さじ1
- 塩……小さじ1/3
- こしょう……少々
- オリーブオイル……大さじ1

ポイント

ミントはなすが熱いうちに入れると黒く変色するため、粗熱を取ってから加えましょう。

◎日持ちは冷蔵庫で3日程度。

作り方

1. なすはピーラーでまだらに皮を剥き、1cm程度の輪切りにする。フライパンを中火にかけ、オリーブオイルを引いて柔らかくなるまでソテーする。
2. ボウルに**A**を入れて混ぜ合わせる。**1**を入れてさっと混ぜ、粗熱をとる。
3. **2**にツナを缶汁ごと加え、スペアミントをちぎって入れる。全体を和え、冷蔵庫で冷やす。

[ペアリング]

日本酒　白ワイン

ズッキーニとカニかまの ディルレモン風味

レモンの風味とズッキーニが合うさっぱり味の一品

材　料　2人分

ズッキーニ……………………………………………1本
カニかま……………………………………………50g
ディル……………………………………………3〜4枝
レモン(スライス)……………………………………3枚
にんにく(つぶす)……………………………………1片
オリーブオイル(ソテー用)……………………………適量

A
- レモン汁……………………………………小さじ2
- 塩……………………………………………小さじ1/4
- こしょう……………………………………少々
- オリーブオイル……………………………大さじ1

作り方

1 ズッキーニは1/3の長さに切り、縦に4〜6等分に切る。大きめのボウルに**A**を入れ、合わせておく。

2 フライパンを弱めの中火にかけてオリーブオイルを引き、にんにくを入れる。香りが立ったらズッキーニを入れ、ほんのり焼き色がつくまで焼く。

3 **2**を**A**のボウルに入れ、カニかまを適当な大きさにちぎって加える。ディルの葉をちぎって入れ、レモンを加えて全体を和える。粗熱が取れたら冷蔵庫で冷やす。

ポイント

しっかり冷やすと、味がなじんでおいしく仕上がります。レモンも食べられます。

◎日持ちは冷蔵庫で3〜4日程度。

[ペアリング]

日本酒　スパークリングワイン　白ワイン

コラム1

長持ちさせる
ハーブと薬味の保存方法

ハーブと薬味の保存方法は、冷蔵と冷凍が一般的です。冷蔵保存する上で大事なことは、乾燥させないことと、冷やしすぎないこと。

ハーブを購入したら、まずパックから出します。たっぷりと水を張ったボウルに沈め、やさしくゆすって汚れを落とします。汚れがひどい場合は、水を替えてもう一度同じ作業をしましょう。きれいになったら、水気を切ってキッチンペーパーに包み、元のパックに入れるか、ラップで包みます。数種類ある場合は、種類ごとに分けてキッチンペーパーに包み、まとめてタッパーに入れてもよいです。その後、冷蔵庫の野菜室で保存。長い物だと1週間から10日ほど日持ちしますが、乾燥も冷やしすぎも、風味が落ちてしまいますので注意しましょう。

すぐに使う場合は、水につけてしばらくおいてシャキッとすればOK。購入から使うまでに半日以上あく場合は、この方法で冷蔵保存しておけば使うときにはシャキッと元気に。しかもすでに洗ってあるのですぐに使えてとても便利です。

薬味の冷蔵も、基本はハーブと同様に野菜室で保存します。大葉は、少量の水を入れた瓶に立てて保存する方法もありますが、ハーブの方法でも新鮮さをキープできます。

しょうがやみょうがは、水気が多いと傷みやすくなるのでそのままラップをするか、ジップ付き保存袋に入れます。にんにくは薄皮がついたまま丸ごと、もしくは小片に分けてラップをするかジップ付きの保存袋に。ねぎ類は2～3等分の長さに切り、ラップに包んで生えていた方向の通りに立てて。みつばは根元を切り、下の部分だけ湿らせたキッチンペーパーで包み、ラップをして立てて保存します。

ハーブと薬味は冷凍保存もできます。ハーブは水気をしっかりと切り、葉の部分を冷凍保存袋などに入れ、空気を抜いて密封して冷凍庫に入れます。

使うときは、そのまま解凍すると水が出て変色したり、風味も落ちるので、凍ったままスープに入れたり、パスタや炒め物に入れて加熱調理に使うのがおすすめです。

パセリやバジル、ディルなどは、しっかりと凍った状態で袋の上からもむと細かくなるので、そのまま使うと便利。パクチーは1cm幅程度に刻んでから保存しておくといいでしょう。

薬味はあらかじめ刻んでから冷凍すると、使うときに便利です。にんにくやしょうがはみじん切りやすりおろしてから冷凍してもOK。葉物の薬味もまた溶けると水が出てしまうので、加熱調理に向いています。すりおろしたにんにくやしょうがは解凍してそのまま使えます。

ハーブも薬味も1カ月を目安に使い切るようにすれば、風味を損なわずに食べられます。

save in bag

スパイシーなお

クセになる、病みつきになるのが「ピリ辛」風味。
辛味やスパイスを効かせて、濃いめに味付けをした
おつまみは、お酒はもちろん、食欲も進みます。

スペアミント

鶏ひき肉とミックスナッツのミントサラダ

辛酸っぱいさっぱりサラダにミックスナッツのカリッと食感がアクセント！

材　料　2人分

鶏ひき肉（できればムネ肉）……150g
赤玉ねぎ（薄くスライスする）……1/4個
スペアミント……約50枚
ミックスナッツ（粗く刻む）……35g
A ［レモン汁、ナンプラー……各大さじ1
一味唐辛子……小さじ1/3
こしょう……少々
米油……少量
サニーレタス……適量

作り方

1 **A**は合わせる。

2 フライパンを中火にかけ、米油を引き、鶏ひき肉を入れてほぐしながら火が通るまで炒める。

3 ボウルに**2**、赤玉ねぎ、ミックスナッツを入れ、スペアミントをちぎって加える。**1**を回し入れ、全体を和えて、サニーレタスと共に器に盛る。

ポイント　スペアミントはたっぷりと、ちぎりながら加えて、香りを立たせましょう。

［ペアリング］
ビール　焼酎　レモンサワー　白ワイン　ロゼワイン

手羽先と大根のバジル煮

台湾の鶏肉の煮込み「三杯鶏《サンベイジー》」をスパイシーに仕上げたアレンジレシピ

材　料　2人分

手羽先……………………………300g(5〜6本)
大根(皮を剥き、1cm幅の半月切り)…………4cm
バジル(大きければ半分にちぎる)……10〜15枚
にんにく(つぶす)……………………………2片
しょうが(スライス)…………………………3枚
赤唐辛子(ちぎって種を出す)………………3〜4本

A
- 酒、水……………………………各1/4カップ
- しょうゆ……………………………大さじ2
- きび砂糖……………………………大さじ1

ごま油……………………………………大さじ2

ポイント

煮ている間、ときどき返すとしっかりと味が染み込みます。バジルは香りが飛ばないよう、最後に加えます。お好みで辛さは調整してください。

作り方

1 Aは合わせる。

2 フライパンを中火にかけ、ごま油を引いてにんにく、しょうが、赤唐辛子を入れる。香りが立ったら手羽先、大根を加え、表面に焼き色がつくまで焼く。

3 **2**に**1**を加え、蓋をして弱火で20〜30分煮る。バジルを加え、さっと混ぜて器に盛る。

[ペアリング]

ビール　日本酒　焼酎　赤ワイン

焼きなすのエスニックハーブサラダ

辛味の効いた甘酸っぱいタレで食べる焼きなすのマリネとたっぷりのハーブ

材　料　2人分

なす……………………………………………………4本
パクチー(根を切り、葉は摘んで茎はみじん切り)1株
青ねぎ(小口切り)…………………………………2本
桜えび(乾燥)………………………………… 小さじ1

A
- スイートチリソース…………………… 大さじ1/2
- 水 ……………………………………………… 大さじ1
- ナンプラー、レモン汁 ………………… 各小さじ1
- しょうが(すりおろし) ………………… 小さじ1/2

作り方

1 なすはコンロに網をのせて焼くか、魚焼きグリルなどで10分ほど皮が黒くなるまで焼く。粗熱が取れたらヘタを切り、皮を剥いて手で食べやすい大きさに割いて、器に盛る。

2 ボウルに**A**を入れ、刻んだパクチーの茎を加え、桜えびを指で細かく砕いて入れ、混ぜ合わせる。

3 **1**に**2**を回しかけ、青ねぎを散らし、パクチーの葉をのせる。

ポイント

焼きなすは水で冷やすと水っぽくなるので、粗熱が取れるまで冷まします。パクチーと青ねぎのほかに、スペアミントやディル、刻んだみょうがなどをのせるのもおすすめです。

[ペアリング]

アボカドディップ
ミントサルサソース

ミントサルサソースと アボカドディップ

ジューシーなソースとまろやかなディップのセット

材　料　2人分

ミニトマト(ヘタを取り1cm角に刻む)……150g(10〜15粒)
ピーマン(種を除き5mm角に刻む)……1個
赤玉ねぎ(みじん切りにして水にさらす)……1/8個
スペアミント……30〜35枚

A
レモン汁……小さじ1
タバスコ……小さじ1
クミンシード……小さじ1/2
塩……小さじ1/3

アボカド……1個
レモン汁、塩(アボカドディップ用)……各少量
トルティーヤチップス……適量

作り方

ミントサルサソース

ボウルにミニトマト、ピーマン、水気をしっかりと切った赤玉ねぎを入れ、スペアミントをちぎって加える。**A**を加えて混ぜ合わせ、15分ほどなじませる。

アボカドディップ

アボカドは包丁をぐるりと入れて半分にし、種と皮を取り除いてボウルに入れ、レモン汁と塩を加えてフォークでつぶす。

仕上げ

ミントサルサソースとアボカドディップを器に盛り、トルティーヤチップスを添える。

ポイント

ミントサルサソースは混ぜたあとに少しなじませると味がまとまります。タコスはもちろん、焼いた肉や魚にも合う万能ソースです。

[ペアリング]

ビール　ハイボール　レモンサワー　スパークリングワイン　白ワイン　赤ワイン

ドライハーブミックス

にんにく

塩さばのカレーハーブグリル

カレー粉とハーブでマリネをして香りよく焼き上げた塩さば

材　料　2人分

塩さば(大) …… 半身
じゃがいも(中) …… 1個
ドライハーブミックス(P.93-Ⓐ) …… 小さじ1
にんにく(薄くスライスする) …… 1片
カレー粉 …… 小さじ1
オリーブオイル …… 大さじ1
塩(じゃがいも用) …… 少々

作り方

1 塩さばは4等分に切り、皮目に2本切り込みを入れる。じゃがいもは水で濡らし、ラップで包んで600wの電子レンジで2分半〜3分ほど、柔らかくなるまで加熱する。一口大に切って塩をふる。

2 トースターの天板にアルミホイルを敷き、**1**を並べてカレー粉をふり、ドライハーブミックスをまぶす。さばの上ににんにくをのせ、全体にオリーブオイルを回しかけて、ラップをピッタリと貼り付けて15分ほどなじませる。

3 **2**のラップを外してトースターに入れ、こんがりと焼き色がつくまで10〜15分焼く。器に盛る。

ポイント　ドライハーブミックスは生のハーブでもOKです。トースターの温度調整が可能なら200℃が適温。途中で焦げそうになったら上にアルミホイルをかぶせて中まで火を通してください。

[ペアリング]

ビール　ハイボール　レモンサワー　スパークリングワイン　赤ワイン

にらの麻辣春雨炒め

**ピリ辛がおいしい春雨。にらは最後に加えて
シャキッと食感を残して**

材　料　2人分

にら（1cm幅に刻む）……1/2束
合いびき肉……100g
緑豆春雨……40g
しょうが（みじん切り）……1片分
豆板醤……小さじ1/2
花椒粉……小さじ1/3
A
- 水……50ml
- しょうゆ……大さじ1と1/2
- 酒……大さじ1
- きび砂糖……小さじ1/2

ごま油……大さじ1

作り方

1 緑豆春雨はボウルに入れ、熱湯を注いで2分おき、ザルにあげる。**A**は合わせる。

2 フライパンを中火にかけてごま油を引き、しょうが、豆板醤、花椒粉、合いびき肉を入れ、肉に焼き色をつけるように炒める。

3 **2**に火が通ったら**A**を加え、沸騰したら春雨を入れてさっと混ぜる。にらを加え、30秒ほど混ぜて火を止める。

ポイント　花椒は粉でなく、ホールのものを小さじ1/2ほど砕いて使っても。

［ペアリング］

大葉とキャベツの塩昆布ラー油和え

相性のいいキャベツと大葉を、塩昆布とラー油でピリ辛に

材　料　2人分

大葉	5枚
キャベツ	1/8個
塩昆布	5g
ごま油	大さじ1
しょうゆ	小さじ1
ラー油、白いりごま	各小さじ1/2

作り方

1 キャベツは一口大にちぎってボウルに入れる。大葉を適当な大きさにちぎって加える。

2 **1**にごま油を回しかけ、全体に絡める。塩昆布、しょうゆ、ラー油、白いりごまを加え、全体を和える。

ポイント　キャベツはちぎることで味が絡みやすくなり、最初にごま油を絡めることで、時間が経ってもしんなりしにくくなります。

[ペアリング]

ビール　日本酒　焼酎

みょうがとベーコンの黒胡椒炒め

シャキッと食感を残してさっと炒めたみょうがが主役の炒め物

材　料　2人分（小皿つまみ）

みょうが（縦4等分に切る）……………………………3個
ベーコン（スライス、3cm幅に切る）……………2枚
あらびき黒こしょう…………………………………適量
塩…………………………………………………………少々
オリーブオイル………………………………………少量

作り方

1 フライパンを中火にかけてオリーブオイルを引き、ベーコンを入れて炒める。

2 ベーコンから脂が出てきたら、みょうがを加え、さっと炒める。

3 あらびき黒こしょうをひき、塩をふって、味を調える。

ポイント

みょうがはシャキッとした食感が損なわれないよう、さっと炒めます。ベーコンの塩気があるので、塩は控えめにしましょう。

［ペアリング］

ビール　ハイボール　スパークリングワイン　白ワイン　ロゼワイン

ソーセージの スパイシー パセリソース

酸味が効いたパセリのソースは、
カレーの香りが隠し味

材料 2人分

ソーセージ（長さ12cm程度）……4本
米油（ソーセージを焼く用）……適量
パセリ（葉をみじん切り）……10g
玉ねぎ（みじん切り）……1/8個

A
- 白ワインビネガー（または穀物酢や米酢など）……小さじ2
- カレーパウダー……小さじ1/4
- 塩……小さじ1/4
- オリーブオイル……大さじ2

作り方

1 玉ねぎは塩少々（分量外）でもみ、10分ほどおいて水気を絞る。

2 ボウルに**1**、パセリ、**A**を入れ、混ぜ合わせる。

3 フライパンを中火にかけ、米油を引いてソーセージを入れ、焼き色がつくまで焼く。**2**をかける。

ポイント このソースは、焼いた魚や野菜、肉などにかけてもおいしいです。

[ペアリング]

ビール　ハイボール　レモンサワー　白ワイン　赤ワイン

小えびとブロッコリーのマスタードバジルフリット

衣にハーブとマスタードを加えて
炭酸水でさっくりと揚げたフリット

材　料　2人分

むきえび（背わたをとる）……100g
ブロッコリー（小房に分ける）……1/4株
薄力粉（まぶす用）……適量

A
- 薄力粉……大さじ5
- 炭酸水……大さじ6
- バジル（ドライ）……小さじ1
- 粒マスタード……小さじ1/2
- にんにく（すりおろし）……少々
- 塩……ふたつまみ

米油……フライパンの底から1cm程度
パプリカパウダー（あれば）……少々

作り方

1 むきえび、ブロッコリーに薄力粉を薄くまぶす。

2 ボウルに**A**を入れ、泡立て器で手早く混ぜる。

3 フライパンに米油を入れて中火にかけ、中温程度に温まったら、**2**にくぐらせた**1**を入れる。途中返しながら2分ほど揚げ焼きにする。油を切って器に盛り、パプリカパウダーをふる。

ポイント｜フリットの衣は、泡立て器で混ぜることでにんにくや粒マスタードが全体に行き渡ります。

［ペアリング］

ビール　ハイボール　レモンサワー　スパークリングワイン　白ワイン

コラム2

残ったハーブ、4つの活用法

料理に使ったハーブが残ったとき、次に使う予定がある場合は保存(P.72参照)しておきましょう。すぐに使いきりたいときは、調味料にアレンジして、毎日の料理に使ってみてください。ガーデニングで育ちすぎたハーブの活用法としてもおすすめです。

Method 1 ハーブバター

有塩バターに10%(重量)のナッツを入れて食感と香ばしさを加えるのが、若井流ハーブバターの黄金比です。ハーブはパセリ、パクチー、ディル、バジル、スペアミントなど、薬味は大葉、にら、青ねぎなどが向いています。ナッツはアーモンドやくるみ、ピーナッツなど。お好みのハーブとナッツを組み合わせてアレンジを楽しんでください。

材　料　作りやすい分量

バター(有塩) ……………………………… 100g
好みのハーブ(細かく刻んで) ……………… 大さじ3
好みのナッツ(アーモンドやくるみなど) ………10g
にんにく(すりおろし) ………………………… 1片

ポイント

ハーブはみじん切りが粗いと量の目安に差が出やすいので、しっかりと細かく刻みます。変色を防ぐため、刻んだらすぐにバターと混ぜ合わせます。残ったらラップに包んで棒状にし、冷蔵庫または冷凍庫で保存し、包丁でカットして使うと便利です。日持ちの目安は、冷蔵で2週間、冷凍で2カ月程度です。

作り方

下準備：バターは適当な大きさにカットしてボウルに入れ、室温に戻して柔らかくしておく。

1 ハーブはごく細かいみじん切りに、ナッツは食感が残る程度のみじん切りにする。

2 バターの入ったボウルに**1**、にんにくを加え、よく混ぜ合わせる。

[使えるレシピ]

パクチーのガーリックトースト／P.105
メカジキのパセリバターソース／P.118 など

Method **2**

食べるハーブオイル

刻んだハーブをたっぷり入れたソースのようなハーブオイル。香り付けしたハーブオイルとは違い、ハーブ自体をたっぷりと食べることができます。焼いた肉や魚、蒸し野菜に、ソースとしてかけたり、炒め物やパスタにも使えます。

材　料　**作りやすい分量**（容量200mlの容器）

パセリ（葉）……………………………………………10g
ディル…………………………………………………2～3枝
スペアミント………………………………………… 20枚
にんにく（みじん切り）………………………………1片
米油、オリーブオイル…………………… 各約60ml
塩………………………………………………… 小さじ1/3

ポイント　作りたてから使えます。日持ちの目安は、冷蔵庫で1週間程度。材料は一例です。ハーブの組み合わせはお好みで。

作り方

下準備：保存容器はアルコールスプレーなどで殺菌しておく。

1 パセリ、ディル、スペアミントは葉を摘み、合わせてみじん切りにする。

2 **1**、にんにく、塩を保存容器に入れ、米油とオリーブオイルを半量ずつ、ハーブがかぶる程度まで注ぐ。かき混ぜて蓋をし、冷蔵庫で保存する。

Method **3**

食べる薬味オイル

刻んだ薬味をたっぷり入れたそのまま食べてもおいしいオイル。焼いた肉や魚、蒸し野菜にソースとしてかけたり、中華風の炒め物、納豆にそのまま入れてもおいしくなります。薬味は他に、みょうがや青ねぎ、大葉などを加えるのもおすすめです。

材　料　**作りやすい分量**（容量200mlの容器）

白ねぎ（みじん切り）……………………………… 1/2本
にんにく（みじん切り）、しょうが（みじん切り）各1片
ごま油……………………………………………約120ml
塩………………………………………………… 小さじ1/3

ポイント　作りたてから使えます。
日持ちの目安は、冷蔵庫で1週間程度。

作り方

下準備：保存容器はアルコールスプレーなどで殺菌しておく。

1 白ねぎ、にんにく、しょうが、塩を保存容器に入れ、ごま油を薬味がかぶる程度注ぐ。かき混ぜて蓋をし、冷蔵庫で保存する。

Method 4 自家製ドライハーブ

少量ずつハーブが余った場合のおすすめ活用法。電子レンジを使って手軽にドライハーブを作ることができます。いろいろなドライハーブをお好みで組み合わせればオリジナルのドライハーブミックスを作ることもできます。

作り方

1 耐熱皿にキッチンペーパーを敷く。
2 ハーブの葉をできるだけ重ならないように並べる。
3 水分が飛んでパリパリになるまで電子レンジにかける。

注意

- 必ず耐熱皿を使ってください。なお、繰り返し加熱すると耐熱皿でも割れることがあるので注意しましょう。
- 電子レンジにかけた後は、皿が大変熱くなっているので直接触らないようにしましょう。
- 加熱時間の目安は下記のブレンド例の量で600wで約3分です。触ってみて手で崩れるほどにパリパリになっていればOKです。
- 太い茎があると水分が飛びにくいので、太い茎は外します。
- 湿気が残っているとカビやすいので、しっかりと水分を飛ばしてください。
- 電子レンジで乾燥させたドライハーブは、香りが飛びやすいので1カ月程度で使い切るようにしましょう。

ドライハーブミックスの活用法

ドライハーブミックスは好みのドライハーブを数種選び、太い枝を取り除きながら指先で細かくなるまで混ぜ合わせて作ります。魚介、肉の下味をつけるときにマリネしたり、パン粉に混ぜてハーブパン粉にしたり、スープや煮込み料理などの風味づけなどに使えます。

A 魚介料理と相性の良いブレンド例

〈作りやすい分量〉

ディル…………3〜4枝
バジル …………4〜5枚
タイム…………5〜6枝

B 肉料理と相性の良いブレンド例

〈作りやすい分量〉

イタリアンパセリ‥ 2〜3枝
ローズマリー………1〜2枝
タイム ……………… 4〜5枝

[使えるレシピ]

塩さばのカレーハーブグリル／P.80
スペアリブのハーブマリネグリル／P.97 など

Let's party!

パーティーのおつまみ

ゲストを迎えるパーティーでは、テーブルを華やかに彩りたいもの。
野菜をつけるディップから食べ応えのあるスペアリブまで
おしゃれでインパクトのあるメニューでもてなしましょう。

ディル明太子ディップ

バジルみそディップ

スペアリブのハーブマリネグリル

ディィル明太子ディップ

野菜スティックはもちろん、
バゲットやクラッカーにもピッタリ！

材　料　作りやすい分量

クリームチーズ……40g
明太子（薄皮から粒を出す）……30g
ディル（刻んでおく）……2〜3枝
マヨネーズ……大さじ1
プレーンヨーグルト……大さじ1
好みの野菜類……適量

作り方

下準備：クリームチーズは室温に戻して柔らかくしておく。

1 ボウルにクリームチーズを入れ、ペースト状に練る。マヨネーズとプレーンヨーグルトを加え、なめらかになるまで混ぜる。

2 **1**に明太子を入れ、ディルを加えて混ぜる。

3 器に盛り、食べやすく切った野菜類を添える。

ポイント　クリームチーズはダマにならないように最初にペースト状に練ります。

［ペアリング］

日本酒　スパークリングワイン　白ワイン

バジルみそディップ

みそにバジルのさわやかさを加えた、
野菜がおいしくなるディップ

材　料　作りやすい分量

バジル（みじん切り）……15〜16枚
みそ……大さじ2

A
- マヨネーズ……大さじ2
- プレーンヨーグルト……大さじ2
- きび砂糖……小さじ1
- にんにく（すりおろし）……少々
- こしょう……少々

好みの野菜類……適量

作り方

1 ボウルにみそを入れ、**A**を加えてよく混ぜる。

2 バジルの葉を**1**に加えて混ぜる。器に盛り、食べやすく切った野菜類を添える。

ポイント　みそは米みそや麦みそ、合わせみそなど、普段使いのものでOKです。バジルはみじん切りすると変色しやすいのですぐに調味料に加えましょう。

［ペアリング］

日本酒　焼酎　スパークリングワイン　白ワイン　ロゼワイン　赤ワイン

ドライハーブミックス

スペアリブのハーブマリネグリル

パーティーを盛り上げる骨つきのスペアリブは豪快に手掴みで！

材　料　3～4人分

豚スペアリブ……500g
ドライハーブミックス(P.93-Ⓑ)……小さじ2
レモン(スライス)……4枚
赤玉ねぎ(6等分に切り、塩をふる)……1個

A
- みりん……大さじ2
- しょうゆ……大さじ1
- 粒マスタード……小さじ1
- にんにく(すりおろし)……少々
- 塩……小さじ2/3
- こしょう……少々

オリーブオイル……大さじ2

ポイント　焦げやすいので、途中返しながら焼いてください。

作り方

下準備：オーブンは焼く前に200℃に予熱する。

1 Aは合わせる。

2 バットに豚スペアリブを並べ、**1**をかけ、まんべんなくもみ込む。ドライハーブミックスをまぶし、レモンスライスをのせ、ラップをピッタリと貼り付け、30分常温でおく。

3 アルミホイルを敷いた天板に**2**を並べ、バットに残ったタレをかける。隙間に赤玉ねぎを入れ、オリーブオイルを全体にかけて200℃のオーブンで25～30分、ときどき返しながら焼く。器に盛る。

[ペアリング]

ベリーとチーズのハーブサラダ

パセリの
ひとくちコロッケ

ズッキーニスティックの
タイムパン粉揚げ

ベリーとチーズのハーブサラダ

ハーブ香るサラダに甘酸っぱいベリーとチーズの塩気をプラス

材　料　2～3人分

ベビーリーフミックス……………………………1袋
ディル、イタリアンパセリ………………… 各3～4枝
スペアミント……………………………… 15～20枚
冷凍ミックスベリー………………………………40g
ブルーチーズ（お好みのチーズでもOK）……30g

A
- 玉ねぎ（すりおろし）……………………小さじ1
- 白ワインビネガー（または穀物酢など）大さじ1
- 塩……………………………………… 小さじ1/2
- こしょう…………………………………………少々
- オリーブオイル………………………… 大さじ2

作り方

1 Aを混ぜ合わせてドレッシングを作る。

2 ベビーリーフミックスにちぎったハーブ類を混ぜ、器に盛る。

3 冷凍ミックスベリーを散らし、ブルーチーズを細かくカットしてのせる。小鉢に入れた**1**を添える。

ポイント　ドレッシングは食べる直前にかけましょう。ブルーチーズが苦手な場合は、クリームチーズやカマンベールチーズなどを使ってください。

[ペアリング]

パセリのひとくちコロッケ

パセリをたっぷりと混ぜ込んだ香り豊かなかわいいコロッケ

材　料　直径3～4cmのコロッケ約15個分

じゃがいも（大）…………………………2個（約350g）
パセリ（葉を粗みじん切りにする）………………10g
玉ねぎ（みじん切りにする）…………………… 1/4個
ベーコン（スライス、5mm幅に刻む）…………2枚
塩…………………………………………… 小さじ1/2
こしょう…………………………………………… 少々
薄力粉（まぶす用）……………………………… 適量
薄力粉…………………………………………大さじ4
水…………………………………………………70ml
パン粉…………………………………………… 適量
米油…………………… フライパンの底から1cm程度

作り方

1 じゃがいもはたっぷりの湯で竹串がすっと通るまでゆで、熱いうちに皮を剥き、ボウルに入れて潰す。フライパンを弱火にかけ、少量の米油（分量外）を引き、玉ねぎとベーコンを入れ、しんなりとするまで炒める。

2 **1**のじゃがいもが熱いうちに、パセリ、炒めた玉ねぎ、ベーコン、塩、こしょうを加えて混ぜる。粗熱が取れたら直径3～4cmに丸め、薄力粉を薄くまぶす。薄力粉と水を混ぜ合わせ、バッター液を作り、丸めたたねをくぐらせてパン粉をつける。

ズッキーニスティックのタイムパン粉揚げ

タイムの風味と生ハムの塩気が程よくマッチ

材　料　ズッキーニ1本分

ズッキーニ……………………………………………… 1本
生ハム（大、1枚を十字に4等分に切る）3枚（約40g）
薄力粉（まぶす用）……………………………… 適量
パン粉……………………………………………………40g
タイム ………………………………………………5〜6枚
粉チーズ ………………………………………… 小さじ2
にんにく（すりおろし） …………………………… 少々
薄力粉……………………………………………… 大さじ3
水…………………………………………………… 大さじ4
米油 ………………… フライパンの底から1cm程度

ポイント

お好みでレモンを絞ってください。
卵は使わずに、薄力粉と水だけで作るバッター液を使っています。
タイムの葉は包丁で叩くことで香りを立て、油に入れたときにはねにくくします。タイムの代わりにローズマリーでもOKです。

作り方

1 ズッキーニはヘタを切り落とし、半分の長さに切り、4〜6等分（太さによって調整する）にカットする。生ハムを巻き、薄力粉を薄くまぶす。

2 タイムの葉を枝から外し、包丁で叩いてボウルに入れ、パン粉、粉チーズ、にんにくを加えて混ぜ合わせる。薄力粉と水を混ぜ合わせ、**1**をくぐらせ、パン粉をまぶす。

3 フライパンに米油を入れ、中火にかけて中温に熱し、**2**を入れて2〜3分、途中返してきつね色になるまで揚げ焼きにする。油を切り、器に盛る。

[ペアリング]

ビール　ハイボール　レモンサワー　スパークリングワイン　白ワイン

---

3 フライパンに米油を入れ、中火にかけて中温に熱し、**2**を入れて転がしながらきつね色になるまで揚げ焼きにする。油を切り、器に盛る。

ポイント

そのままでもおいしいですが、お好みでソースやケチャップをつけてください。

[ペアリング]

ビール　スパークリングワイン　白ワイン

あさりとクレソンの白ワイン蒸し

パクチーのガーリックトースト

ミートボールのディルクリームソース

白身魚のしば漬け薬味カルパッチョ

ミートボールのディルクリームソース

ミートボールとカリフラワーにディル風味のソースをからめて

材　料　2〜3人分

カリフラワー（小房に切る）…………………… 1/2株
ディル……………………………………………4〜5枚

A
- 合いびき肉………………………………200g
- 玉ねぎ（すりおろし）……………………1/8個分
- 卵 ………………………………………………1個
- パン粉 ………………………………… 大さじ4
- 片栗粉…………………………………… 小さじ1
- 塩 …………………………………… 小さじ1/2
- こしょう、ナツメグ…………………… 各少々

B
- 生クリーム（乳脂肪分35%）…………… 100ml
- プレーンヨーグルト…………………… 大さじ2
- 粉チーズ …………………………………大さじ1

水…………………………………………………50ml
塩（仕上げ用）……………………………………少々
オリーブオイル ………………………………適量

ポイント　ソースを軽やかにするために乳脂肪分35%の生クリームを使用しています。カリフラワーはかぶやブロッコリーでも代用可。

作り方

1 ボウルに**A**を入れ、粘り気が出るまで混ぜ合わせる。

2 フライパンを中火にかけ、オリーブオイルを引き、**1**を直径約3cmに丸めながら入れる。隙間にカリフラワーを入れて、転がしながら表面に焼き色をつける。

3 **2**に水を加え、蓋をして弱めの中火で3分ほど蒸し焼きにする。**B**を加え、沸騰したら弱火にしてディルの葉をちぎって加え、塩で味を調える。器に盛る。

[ペアリング]

コクのあるしっかりした日本酒　樽の効いた白ワイン　軽めの赤ワイン

パクチーのガーリックトースト

パクチー好きのためのハーブバター。桜えびで香ばしさがアップ！

材　料　作りやすい分量

バゲット……適量
バター（有塩）……100g
パクチー……1株（みじん切りにして大さじ3）
アーモンド（粗みじん切り）……10g
桜えび……小さじ2
にんにく（すりおろし）……1片

＊ハーブバターの作り方はP.72参照

作り方

下準備：バターは適当な大きさに切ってボウルに入れ、あらかじめ室温に戻して柔らかくしておく。

1 バターをボウルに入れ、ゴムベラなどでなめらかになるまで練る。

2 **1**に桜えびを指で細かく砕いて入れ、パクチー、アーモンド、にんにくを加え、よく混ぜ合わせる。

3 スライスしたバゲットに**2**を塗り、トースターでこんがりと色づくまで焼く。器に盛る。

ポイント　パクチーはできるだけ細かくみじん切りにしましょう。残ったパクチーバターはラップに包んで棒状にし、冷蔵または冷凍で保存するとカットして使えるので便利です。

［ペアリング］

白身魚のしば漬け薬味カルパッチョ

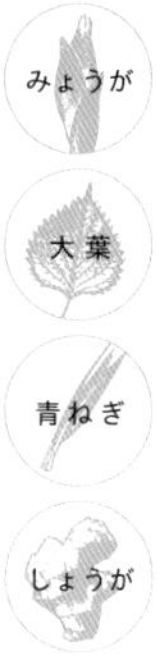

ポリポリとした食感のしば漬けと薬味をたっぷりと使ったカルパッチョ

材　料　2〜3人分

白身魚（刺身用、真鯛やヒラメなど）…………150g
みょうが（小口切り）…………………………………1個
大葉……………………………………………………2〜3枚
青ねぎ（小口切り）…………………………………2本
しば漬け（細かく刻む）……………………………20g
しょうが（みじん切り）…………………………1/2片分

A
- 白いりごま…………………………………小さじ1/2
- 米酢（または穀物酢）……………………小さじ2
- しょうゆ………………………………………小さじ1
- こしょう…………………………………………少々
- オリーブオイル………………………………大さじ1

作り方

1 しば漬け、しょうがをボウルに入れ、**A**を加えてスプーンで混ぜる。

2 白身魚を薄切りにして器に並べ、**1**をかけ、みょうが、青ねぎを散らし、大葉を細かくちぎってのせる。

ポイント　白身魚を薄切りにするのが難しければ、スライスしてあるお刺身を使ってもOKです。

[ペアリング]

日本酒　焼酎　スパークリングワイン　白ワイン　ロゼワイン

あさりとクレソンの白ワイン蒸し

あさりのだしの効いたスープはパンを浸してもおいしい

材　料　2〜3人分

あさり ……………………………………………300g
クレソン(半分の長さに切る) ……………………1束
しめじ(石突きを切り食べやすい大きさにほぐす)
………………………………………………… 1/2株
にんにく(みじん切り) ……………………………1片分
白ワイン ………………………………………… 大さじ3
バター ……………………………………………15g
こしょう……………………………………………少々

作り方

下準備:あさりは砂抜きをしておく。

1 あさりは殻を擦り合わせるようにして洗い、ザルにあげる。

2 鍋を弱火にかけ、バターとにんにくを入れて炒める。にんにくの香りが立ったらしめじを加え、中火で油が回るまで炒め、あさりを加えてさっと炒める。白ワインを回しかけ、蓋をして強めの中火で蒸す。

3 あさりの殻が開き始めたら、クレソンを加えて再び蓋をし、30秒ほど蒸す。仕上げにこしょうをひく。

ポイント　クレソンは食感が残るように、最後に入れて短時間蒸します。

[ペアリング]

日本酒　スパークリングワイン　白ワイン

おかず系がっつりおつまみ

肉と魚をメインにしたわんぱく料理は、ご飯のおかずにもぴったり。
お酒が飲みたい人も、飲めない人も満足できる
おうち飲みにうってつけのラインナップです。

レモンと大葉の唐揚げ

レモン汁を加えてあっさりと仕上げた大葉香る唐揚げ

材　料　2人分

鶏むね肉……………………………1枚（約300g）
大葉……………………………………………5枚

A
- みりん………………………………大さじ1
- レモン汁………………………………大さじ1/2
- 塩………………………………………小さじ2/3
- こしょう…………………………………少々

薄力粉…………………………………………大さじ2
片栗粉…………………………………………大さじ4〜5
米油………………… フライパンの底から1cm程度
レモンの皮………………………………………適量
キャベツ（千切り）………………………………適宜

作り方

1 鶏むね肉は大きめの一口大に切ってボウルに入れ、大葉を細かくちぎって加える。**A**を加え、全体に広げるようにやさしく混ぜ、5分程度なじませる。

2 **1**に薄力粉を加え、全体を軽く混ぜ、一つずつ片栗粉をしっかりとまぶす。

3 フライパンに米油を入れて熱し、中温（170〜180℃）で4〜5分、ときどき返して、こんがりと色づくまで揚げ焼きにし、油を切る。キャベツと一緒に器に盛り、レモンの皮をすりおろしてかける。

ポイント　片栗粉をつけるときは、大葉が剥がれないように一つずつ丁寧にまぶすようにしましょう。

［ペアリング］

ビール　ハイボール　レモンサワー　スパークリングワイン　白ワイン

クレソンの牛肉巻き 照り焼きソース

程よく火を通したクレソンがみずみずしくジューシー！

材　料　2人分

- クレソン……1束（約70g）
- 牛もも肉（薄切り）……100g
- 薄力粉……少量
- A
  - 酒、みりん……各大さじ1
  - しょうゆ……小さじ2
- バター……10g
- こしょう……少々

作り方

1. クレソンは5～6cmの長さに切り、茎と葉が混ざるようにして6等分にする。**A**は合わせる。
2. **1**を牛もも肉で巻き、薄力粉を薄くまぶす。同じものを6個作る。
3. フライパンを強めの中火にかけ、バターを入れて溶かし、**2**を入れて表面に焼き色がつくまで焼く。弱火にし、**A**を回しかけて絡め、こしょうをひく。

ポイント

クレソンは1束の量を見て、少なければ2束使ってください。牛肉の代わりに豚肉を使っても。

［ペアリング］

ビール　日本酒　ハイボール　赤ワイン

ミントとみょうがのつくね

ミントとみょうがを加えてさっぱり仕上げた大きめサイズの鶏つくね

材　料　2人分

鶏ひき肉……200g
スペアミント（粗みじん切り）……約20枚
みょうが（粗みじん切り）……1個

A
- しょうが（すりおろし）……1片分
- 片栗粉……小さじ2
- しょうゆ、酒……各小さじ1
- 塩……小さじ1/4
- こしょう……少々

B
- レモン汁……小さじ1
- みりん、酒……各大さじ1
- ナンプラー（またはしょうゆ）……小さじ2

米油……適量

＊仕上げ用
　みょうが（千切り）、スペアミント……各適量

作り方

1 ボウルに鶏ひき肉を入れ、スペアミント、みょうが、**A**を加えて粘り気が出るまで混ぜ合わせ、4等分にして丸く成形する。

2 フライパンを弱めの中火にかけ、米油を引き、**1**を入れて両面にこんがりと色がつくまで焼く。**B**は合わせる。

3 **B**を回しかけ、蓋をして弱火で2分ほど蒸し焼きにする。蓋を取り、タレを煮詰めてからめる。器に盛り、仕上げ用のスペアミント、みょうがをのせる。

ポイント
タレに少しのレモン汁を加え、さっぱりと仕上げました。ハーブと薬味はパセリ、セロリの葉、ディル、バジル、パクチー、大葉、にらなどで代用しても。

[ペアリング]

ビール　日本酒　焼酎　レモンサワー　白ワイン　ロゼワイン　軽めの赤ワイン

豚肉とセロリの白ワイン煮込み

じっくり時間をかけて旨みを引き出す
煮込み料理

材　料　2人分

豚肩ロース肉（大きめの一口大に切る）……………300g
ベーコン（スライス、3cm幅に切る）……………………2枚
セロリ……………………………………………………1本
白ワイン…………………………………………………150ml
水………………………………約150ml（具材がかぶる程度）
はちみつ………………………………………………大さじ1
塩………………………………………………………小さじ1
粒こしょう………………………………………………10粒

作り方

1 豚肩ロース肉は塩をもみ込み、30分ほどなじませる。セロリはピーラーで薄く皮を剥き、太い部分は縦半分にして5cmの長さに切る。葉はざく切りにする。

2 フライパンを中火にかけ、油を引かずにベーコンを入れて焼く。ベーコンの脂がにじみ出たら、豚肉を加えて表面に焼き色がつくまで焼き、鍋に移し入れる。

3 **2**にセロリ、白ワイン、水、はちみつを加え、中火にかけて沸騰したらアクをとる。粒こしょうを加え、蓋をして弱火で50分ほど煮込む。器に盛る。

ポイント

豚肩ロース肉は最初に焼いて余分な脂を落とします。煮込んでいる間に水分がなくなりそうになったら、少し足しましょう。
お好みでマスタードをつけるのもおすすめです。

［ペアリング］

日本酒　焼酎　白ワイン

牛ステーキのバジルオニオンソース

サイコロステーキにバジルとにんにくが香るオニオンソースをかけて

材　料　2人分

牛肉（サイコロステーキ用、角切り）…………200g
塩、こしょう……………………………………………各少々
玉ねぎ（みじん切り）……………………………………1/4個
バジル（粗みじん切り）…………………………7〜8枚
にんにく（みじん切り）……………………………1片分
A ［しょうゆ、みりん……………………………各大さじ1
　 ［米酢（または穀物酢）…………………………小さじ2
バター……………………………………………………………10g
米油……………………………………………………………適量

ポイント　玉ねぎは弱火で、じっくりと甘みを引き出すように炒めましょう。牛肉は強火で、各面に焼き色がつくように返しながら焼きます。

作り方

1 牛肉は塩、こしょうで下味をつける。**A**は合わせる。

2 小鍋にバターとにんにくを入れて弱火にかけ、香りが立ったら玉ねぎを加え、しんなりとしてカサが減るまで炒める。**A**を入れ、沸騰したらバジルを加えてさっと混ぜる。

3 フライパンを強火にかけ、米油を引き、十分に熱して牛肉を入れ、ときどき返して表面に焼き色がつくまで焼く。**2**をかける。

［ペアリング］

ビール　日本酒　焼酎　ハイボール　レモンサワー　スパークリングワイン　赤ワイン

チキンソテー セロリソース

豪快に１枚焼きにした鶏肉に合う食感の良いセロリのソース

材　料　2人分

鶏もも肉……1枚（約300g）
塩、こしょう（鶏もも肉用）……各少々
セロリ……1本
レモン汁……小さじ1
塩、こしょう（仕上げ用）……各少々
ごま油……適量

ポイント　セロリはできるだけ薄くスライスすると、食べるときに鶏肉の食感となじみます。

［ペアリング］

作り方

1 鶏もも肉は塩、こしょうで下味をつける。セロリの茎は斜めに極薄いスライスにする。葉を2〜3枚とっておく。

2 フライパンを弱めの中火にかけ、ごま油を引き、鶏もも肉の皮目を下にして入れ、蓋をして焼き色がつくまで焼く。蓋を取り、返して弱火で火が通るまで焼き、取り出す。

3 **2**のフライパンを中火にかけ、ごま油（分量外）を足す。セロリを入れ、1分ほど炒めてレモン汁を回しかけ、塩、こしょうで味を調える。**2**を食べやすい大きさに切り、セロリの葉を敷いた器に盛り、セロリのソースをのせる。

豚肉とミニトマトのミント炒め

甘酸っぱいミニトマトと豚肉に
ミントのさわやかさをプラス

材　料　2人分

豚肉（こま切れや切り落とし）……………………………200g
ミニトマト（ヘタをとる）……………………………………6個
スペアミント……………………………………………40枚
にんにく（みじん切り）……………………………………1片分
白ワイン……………………………………………………大さじ1
塩…………………………………………………………小さじ1/3
こしょう……………………………………………………少々
オリーブオイル………………………………………………適量

作り方

1 豚肉は大きければ食べやすい大きさに切り、塩、こしょうで下味をつける。スペアミントは仕上げ用に10枚ほどとっておく。

2 フライパンを弱火にかけてオリーブオイル、にんにくを入れて炒める。にんにくの香りが立ったら、豚肉、ミニトマトを加え、中火で炒める。

3 豚肉に火が通ったら、白ワインを回しかけ、スペアミントをちぎって加え、さっと炒めて器に盛る。とっておいたスペアミントをちぎってのせる。

ポイント　スペアミントは、香りが飛ばないよう最後に加えます。仕上げにもトッピングすることでさらに香りが立ちます。

［ペアリング］

日本酒　白ワイン　ロゼワイン

メカジキのパセリバターソース

香ばしいパセリバターがよく合う淡白なメカジキのソテー

材　料　2人分

メカジキ（切り身）……………………………2切れ
塩、こしょう……………………………………各少々
薄力粉……………………………………………適量
ミニトマト………………………………………4〜6個
酒…………………………………………………大さじ1
パセリバター……………………………………30g
レモン汁…………………………………………小さじ1/2
オリーブオイル…………………………………適量

パセリバター（作りやすい分量）
バター（有塩）…………………………………100g
パセリ（葉、みじん切り）……………………大さじ3
くるみ（粗く刻む）……………………………10g
にんにく（すりおろし）………………………1片
＊P.72ハーブバターの作り方参照

下準備：パセリバターを作る。適当な大きさに切ったバターを常温に戻して柔らかくし、パセリ、くるみ、にんにくを加えてよく混ぜる。

作り方

1 メカジキは塩、こしょうで下味をつけ、薄力粉を薄くまぶす。

2 フライパンを中火にかけ、オリーブオイルを引き、**1**を入れて焼き色がつくまで焼く。返してミニトマトを加え、酒をまわしかけて、蓋をして弱火で1〜2分蒸し焼きにする。

3 パセリバター、レモン汁を加え、バターが溶けて香ばしい香りが立つまで加熱する。器に盛り、フライパンに残ったソースをかける。

ポイント　ぶりやサーモンなどもおすすめ。余ったハーブバターはラップで棒状に包み冷蔵、または冷凍保存すると便利です。

［ペアリング］

ぶりのねぎしょうが蒸し

ぶりの切り身に白ねぎとしょうがをたっぷりまぶしてふっくら蒸しあげ

材　料　2人分

ぶり（切り身）	2切れ
塩	適量
白ねぎ（縦半分に切り、斜め切り）	1/2本
しょうが（千切り）	1片
青ねぎ（小口切り）	適量
だし昆布	10cm
酒、水	各大さじ3
A　米酢（または穀物酢）、しょうゆ	各大さじ1
A　みりん	大さじ 1/2

作り方

1 ぶりは表面を覆うほど塩をたっぷりとまぶし、冷蔵庫で10分ほどおいて水でさっと塩を洗い流し、水気を拭き取る。

2 Aは合わせて耐熱容器に入れ、600wの電子レンジで30秒加熱する。

3 小さめのフライパンまたは鍋にだし昆布を敷き、ぶりを並べておく。白ねぎとしょうがを合わせてのせ、酒と水をまわしかけて中火にかける。沸騰したら蓋をして弱火で6分ほど蒸す。器に盛り、**2**をかけ、青ねぎを散らす。

ポイント

ぶりに塩をたっぷりとまぶすことで、下味がつくと同時に、臭み取りになります。長くおくとしょっぱくなるので、10分ほどで洗い流しましょう。

［ペアリング］

日本酒　焼酎　スパークリングワイン　軽めの赤ワイン

サーモンのハーブピカタ

衣にたっぷりとハーブを混ぜ込んだ
ふんわり食感のピカタ

材　料　2人分

サーモン(切り身)……2切れ
塩、こしょう……各少々
薄力粉……適量
卵……1個
イタリアンパセリ(葉を粗みじん切り)……2〜3枝
ディル(葉を粗みじん切り)……2〜3枝
粉チーズ……大さじ1
オリーブオイル……適量
トマトケチャップ、マヨネーズ……各大さじ1

作り方

下準備：トマトケチャップとマヨネーズを混ぜ合わせてソースを作る。

1 サーモンは骨と皮を取り除き半分に切り、塩、こしょうで下味をつけて薄力粉をまぶす。

2 ボウルに卵を割りほぐし、ハーブ類と粉チーズを入れて混ぜ合わせる。

3 フライパンを弱めの中火にかけ、オリーブオイルを引き、サーモンに**2**をたっぷりと絡めて入れ、両面に焼き色がつくまで4〜5分焼く。器に盛り、小鉢に入れたソースを添える。

ポイント

ハーブはバジルやスペアミント、大葉や青ねぎなどもおすすめです。サーモンに卵液を絡めるときは、手を使うことでたっぷりとからめることができます。

[ペアリング]

ご飯のお供・シメのおつまみ

お酒のシメとしてだけでなく、普段の食事メニューとしても食欲をそそられる、あっさり味のご飯や麺もの。
遅い時間に食べても胃もたれしにくいやさしい味わいです。

ルッコラチャーハン

ルッコラと卵のシンプルなチャーハン。
ルッコラのほろ苦さが大人味

材　料　2人分

温かいご飯……300g
ルッコラ（根を切り、3cm幅に切る）……1束（約40g）
卵……2個
オイスターソース……大さじ1
塩、こしょう……各少々
ごま油……大さじ2

作り方

1 卵はボウルに割りほぐす。

2 フライパンを強火にかけ、ごま油を引き、十分に温まったら**1**を流し入れる。木べラなどで大きく混ぜ、半熟状になったら温かいご飯を加える。

3 **2**を手早く炒め合わせ、ご飯がほぐれたらオイスターソースを回し入れて炒める。ムラなく混ざったらルッコラを加えてさっと炒め、塩、こしょうで味を調える。器に盛る。

ポイント　強火で手早く炒めるのがコツです。ルッコラは最後に加えてさっと炒め、食感を残しましょう。

［ペアリング］
ビール
スパークリングワイン

クレソンの浅漬け

クレソンのほのかな苦味とピリッとした辛味がやみつきに

材　料　作りやすい分量

クレソン……………………………………1束(約50g)
塩昆布…………………………………………… 3g
しょうゆ ……………………………………小さじ1

作り方

1 クレソンは3cm幅に切り、ボウルに入れる。

2 **1**に塩昆布、しょうゆを加えて全体を混ぜ合わせる。

3 **2**をビニール袋に移し、空気を抜いて縛り、冷蔵庫で30分ほどおく。

ポイント

一度ボウルで混ぜることで、味が均一に行き渡ります。しんなりして量が少なくなるので、たくさん食べたいときは倍量をおすすめします。

[ペアリング]

ビール　日本酒　焼酎　スパークリングワイン

セロリの浅漬け

スライスしたセロリのシャキシャキ食感がクセになる

材　料　作りやすい分量

セロリ……1本
塩昆布……5g
しょうゆ……小さじ2

作り方

1 セロリはピーラーで薄く皮を剥き、茎は斜めに薄くスライスし、葉は千切りにする。

2 **1**をボウルに入れ、塩昆布、しょうゆを加えて全体を混ぜ合わせる。

3 **2**をビニール袋に移し、空気を抜いて縛り、冷蔵庫で30分ほどおく。

ポイント　一度ボウルで混ぜることで、味が均一に行き渡ります。

[ペアリング]

ビール　日本酒　焼酎　スパークリングワイン

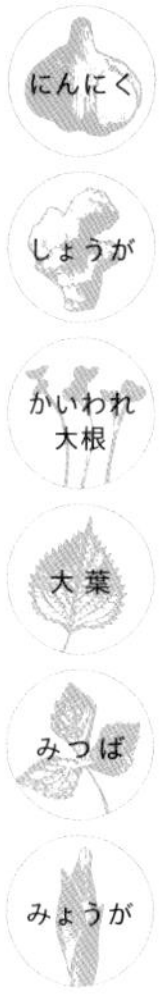

薬味ドライキーマカレー

ルーを使わないスパイシーな大人味のキーマカレー

材料　2人分

合いびき肉……200g

A
- カレー粉……大さじ1
- トマトケチャップ……大さじ2
- 塩……小さじ1/2

B
- 玉ねぎ（みじん切り）……1/2個分
- にんにく、しょうが（みじん切り）……各1片
- クミンシード（あれば）……小さじ1/2

しょうゆ……小さじ1/2
粉山椒……5〜6ふり
米油……大さじ2
ご飯……適量

薬味類

かいわれ大根（根を切り、半分の長さに切る）……1/4パック
大葉（細かくちぎる）……2枚
みつば（1cm幅に刻む）……1/2束
みょうが（小口切り）……1個

作り方

1 合いびき肉に**A**を加え、混ぜ合わせる。

2 フライパンを弱火にかけ、米油を引いて**B**を合わせ入れ、玉ねぎがしんなりとしてカサが減り、ほんのり茶色くなるまで炒める。

3 **2**に**1**を加え、中火でほぐしながら火が通るまで炒める。しょうゆを回し入れ、粉山椒をふる。器に盛ったご飯の上にかけ、薬味類を添える。

ポイント

ひき肉にあらかじめ塩やカレー粉を加えておくと、味がなじみ肉の食感が増します。こねる必要はなく、全体に混ぜ合わされればOKです。薬味はお好みで、スペアミントや青ねぎなどを加えるのもおすすめ。好みの薬味を混ぜながら食べましょう。

[ペアリング]

ビール　日本酒　スパークリングワイン　赤ワイン

なめことえのきの大葉なめたけ

ツルッとした食感のなめたけを大葉の香りが包む

材　料　作りやすい分量

なめこ……………………………………1袋（約100g）
えのき（石突きを切り、2cm幅に切ってほぐす）
……………………………………………1株（約200g）
大葉（千切り）……………………………3～4枚

A	酒	大さじ3
	しょうゆ	大さじ3
	みりん	大さじ3
	水	大さじ3
	きび砂糖	小さじ1

ポイント

煮ている間、きのこが鍋底にくっつきやすいので時々混ぜてください。しばらく置くと固まるので、食べる前にまた混ぜましょう。

作り方

1 Aを鍋に入れて中火にかける。沸騰したらなめことえのきを入れ、全体をさっと混ぜる。蓋をして弱火で1～2分、しんなりとするまで加熱する。

2 蓋を取り、時々混ぜながら2～3分煮て、大葉を加え、さっと混ぜ合わせて火を止める。器に盛る。

［ペアリング］

バジル
しょうが

牛肉のバジルしぐれ煮

牛肉のしぐれ煮にバジルを加えてさわやかな仕上がりに！

材　料　作りやすい分量

牛肉（こま切れや切り落としなど）……………200g
しょうが（千切り）……………………………………1片分
バジル（千切り）……………………………………7〜8枚

A
- 酒、水、みりん…………………………各大さじ2
- しょうゆ……………………………………大さじ1と1/2
- きび砂糖……………………………………………小さじ2

ごま油……………………………………………………小さじ1
こしょう……………………………………………………少々

作り方

1 牛肉は1cm幅に刻み、ザルの上に広げて熱湯を回しかける。

2 鍋に**A**を入れ、中火にかけ、沸騰したら弱火にして半分程度に煮詰める。**1**としょうがを加え、混ぜながら水分が少なくなるまで煮絡める。

3 **2**にバジルを加え、さっと混ぜて、ごま油を回しかけ、こしょうをひく。

ポイント

牛肉はサシが多いと脂っぽくなるので、赤身に少しサシが入った程度のものを選ぶといいでしょう。バジルは香りが飛ばないよう、最後に加えてさっと混ぜます。

［ペアリング］

ビール　日本酒　焼酎　赤ワイン

アンチョビーチーズのバジルおにぎり

アンチョビーの塩気とチーズの旨みで、シメにならないおにぎり

材　料　小さめ2個分

温かいご飯……………………………………150g
バジル（粗みじん切り）………………………4〜5枚
アンチョビー（フィレー、細かく刻む）……………5g
粉チーズ……………………………………小さじ2
黒こしょう……………………………………少々

ポイント　バジルは時間が経つと変色しやすいので、できるだけ手早く混ぜましょう。

作り方

1 ボウルに温かいご飯を入れ、バジル、アンチョビー、粉チーズを加え、黒こしょうをひき、しゃもじで切るように混ぜる。

2 **1**を2等分にして握る。

［ペアリング］

日本酒　焼酎　スパークリングワイン

梅とじゃこのディルおにぎり

さっぱり梅とじゃこをディルの香りが引き立てる

材　料　小さめ2個分

温かいご飯……………………………………150g
ディル……………………………………2〜3枝
梅肉（包丁で軽く叩く）…………………………1個分
ちりめんじゃこ………………………………大さじ1
かつお節…………………………………ひとつまみ
オリーブオイル……………………………小さじ1/2

ポイント　オリーブオイルは隠し味でまとめ役。少し加えることで、冷めてもふっくらおいしく食べられます。また、青々しい香りがディルとも良く合います。

作り方

1 ボウルに温かいご飯を入れ、梅肉とちりめんじゃこ、かつお節を加え、しゃもじで切るように混ぜる。

2 **1**にディルの葉を細かくちぎって加え、オリーブオイルを回しかけて混ぜ合わせる。

3 **2**を2等分にして握る。

［ペアリング］

日本酒　焼酎　白ワイン

梅とじゃこの
ディルおにぎり
アンチョビーチーズの
バジルおにぎり

パクチー

青ねぎ

しょうが

フォー風鶏にゅうめん

お鍋一つで作るお手軽にゅうめんは、とろみがついたやさしい味

材　料　2人分

素麺……2束(100g)
鶏もも肉(2cm角に切る)……100g
玉ねぎ(薄くスライスする)……1/4個
もやし……50g
パクチー(1cm幅に刻む)……1株
青ねぎ(小口切り)……3〜4本
レモン……2カット

A
水……800ml
しょうが(千切り)……1/2片分
鶏がらスープの素……小さじ1
ナンプラー……大さじ1
きび砂糖……小さじ1/2
シナモンパウダー(あれば)……2ふり

作り方

1 鍋に**A**と鶏肉、玉ねぎを入れて火にかけ、沸騰したらアクを取り、5分ほど煮る。

2 **1**に素麺を入れ、1〜2分煮て、もやしを加え、一煮立ちしたら火を止める。

3 器に分け入れ、パクチー、青ねぎ、レモンをのせる。

ポイント　シナモンパウダーは2ふりで本格的な味に近づくのでぜひ入れてみてください。ただし、入れすぎには注意。素麺に塩気があるので、麺を入れる前のスープは薄味にしています。

[ペアリング]

ビール　レモンサワー　白ワイン　ロゼワイン

みょうがとかいわれ大根のツナおろしパスタ

シャキシャキの薬味と大根おろしを
たっぷり食べられるパスタ

材　料　2人分（少なめ）

スパゲティ（乾麺）……………………………………………100g
みょうが（千切り）…………………………………………………1個
かいわれ大根（根を切り落とす）……………………1/4パック
大根（すりおろして水気を軽く切る）………………………3cm
ツナ缶詰（油漬け）……………………………………1缶（70g）
オリーブオイル …………………………………………… 小さじ2

A ［米酢（または穀物酢）、しょうゆ…………………… 各大さじ1
　　みりん………………………………………………… 大さじ1/2

作り方

1 スパゲティは塩（分量外）を加えたたっぷりの熱湯で、表示時間どおりにゆでる。みょうが、かいわれ大根は合わせておく。

2 Aを耐熱容器に入れ、ラップをせずに600wの電子レンジで30秒加熱する。

3 ゆで上がったスパゲティをザルにあげ、器に盛り、大根おろし、ツナを缶汁ごとのせる。**2**を全体にかけ、みょうが、かいわれ大根をトッピングし、オリーブオイルを回しかける。

ポイント｜ツナ缶詰は缶汁の旨みのあるスープとオイルもそのまま使います。

［ペアリング］

ビール　日本酒　スパークリングワイン　白ワイン

コラム3

二日酔いから救済！飲み物系レシピ

ついついお酒が進んでしまった翌日も、ハーブと薬味が助けます。
簡単に作れて飲みやすい、ヘルシーなレシピです。

梅薬味みそ汁

梅干しの酸味・クエン酸が食欲を増進させる

材　料　1人分

梅干し……1個
みょうが（小口切り）……1/2個
青ねぎ（小口切り）……1本
大葉（細かくちぎる）……1枚
和風だし……180ml
みそ……大さじ1/2

作り方

1 お椀に梅干し、みょうが、青ねぎ、大葉を入れる。
2 小鍋に和風だしを入れ、みそを溶いて沸騰寸前まで火にかける。
3 **1**に**2**を注ぎ入れる。

ポイント　梅干しを潰しながら食べましょう。

バジルの卵スープ

胃腸の調子を上げるバジルの香りが広がる

材　料　2人分

卵……1個
バジル（千切り）……10枚
水……400ml
鶏がらスープの素……大さじ1
しょうゆ……小さじ1
こしょう……少々
粉チーズ（お好みで）……適量

作り方

1 卵はボウルに割りほぐす。
2 鍋に水、鶏がらスープの素、しょうゆを入れ、中火にかけて沸騰したら卵を回し入れる。
3 **2**にバジル入れ、さっと混ぜ、こしょうをひく。器に分け入れ、粉チーズをふる

ポイント　卵はしっかり沸騰したところに少しずつ回し入れるとふんわりと仕上がります。

パクチーとキウイの デトックススムージー

デトックス効果が高いパクチーは、
二日酔いの救世主！

材　料　1杯分

パクチー（ざく切り）……………………………… 1/2株
キウイ（皮を剥き、2cm程度の角切りにする）1個
リンゴジュース……………………………………… 150ml
パクチーの葉（トッピング用）……………………… 1枚

作り方

1 パクチー、リンゴジュースを合わせてブレンダーやミキサーの容器に入れ、パクチーが細かくなり、全体が緑色になるまでしっかりと攪拌する。
2 1にキウイを加えてさっと攪拌する。
3 グラスに注ぎ、パクチーの葉をのせる。

ポイント　キウイは攪拌し過ぎると、種が潰れて雑味が出るので、最後に加えてさっと攪拌しましょう。

ディルと青ねぎのトマトスープ

トマトベースのスープにディルと青ねぎのさわやかさをプラス

材　料　2人分

トマト（ヘタを除き、1cmの角切りにする）1個
ディル…………………………………… 2～3枚
青ねぎ（3cm幅に切る）……………… 3～4本

A
- 水…………………………………… 350ml
- 鶏がらスープの素………………… 小さじ2
- ナンプラー………………………… 小さじ1

こしょう…………………………………… 少々

作り方

1 鍋に**A**を入れて火にかけ、沸騰したらトマトを加え、1～2分加熱する。
2 1に青ねぎを入れ、ディルをちぎって加える。
3 こしょうをひき、さっと混ぜて器に分け入れる。

ポイント　沸騰したら1～2分煮て、トマトを少し崩しましょう。

ハーブ＆薬味の図鑑

本書のレシピに登場したハーブは11種、薬味は9種。
それぞれの特徴、使い方などをまとめて紹介します。
ハーブ＆薬味のおつまみを作る際に役立ててください。

ハーブ

❶バジル

トマトとの相性が良いハーブで、さわやかなスパイシーさを持つ香りが特徴。一般的に入手しやすいのはスイートバジル。東南アジアなどで使われる別の品種もあるが、本書では全てにスイートバジルを使用。

❷クレソン

水辺を好んで生息するクレソン。ピリッとした刺激のある味が特徴で、特に肉料理に添えると消化促進に効果があるといわれている。さっと火を通すと辛味はほぼ消え、独特の良い香りだけが残る。

❸パセリ（モスカールドパセリ）

料理の彩りとして添えられることが多いパセリ。近年は栄養価の高さも注目され、中でも鉄とカリウムの含有量が豊富。ほのかな苦味が特徴で、ゴワゴワした葉が気になる場合は細かく刻んだりペースト状にすると食べやすくなる。

❹イタリアンパセリ

葉が平たい品種のパセリ。モスカールドパセリよりもさわやかな香りや味わいがストレートに感じられるのが特徴。幅広い食材と相性が良く、ちぎって添えるだけで香りが加わり、見た目も華やかになる。

❺スペアミント

ミントには大きくわけて「スペアミント」と「ペパーミント」があるが、本書で使用しているのはスペアミント。ペパーミントに比べて、スーッとする清涼感が強すぎず、料理に合わせやすいのが特徴。

❻タイム

小さなかわいらしい葉を持つハーブ。特に魚料理との相性が良いといわれるが、他のハーブとブレンドすると幅広い料理の引き立て役になる。トマトともよく合うので、トマトソースに入れるのもおすすめ。

❼ディル

魚介料理との相性が抜群といわれるハーブで、特にスモークサーモンとの組み合わせが人気。じゃがいも料理や乳製品とも合いやすく、ほんのり甘くやさしい香りで食材を引き立ててくれる。

❽ローズマリー

肉料理との相性が良いハーブ。香りが強く、刺激的だが油に香りをなじませるようにして使うと比較的マイルドになり、料理全体がまとまる。煮込み料理や素材に下味をつける際にも重宝する。

❶
❷
❸
❹
❺
❻
❼
❽

❾セロリ

シャキシャキとした茎はみずみずしく、サラダとしても食べやすいハーブ。捨てられやすい葉は、茎よりも香りが強く、カロテンが豊富。刻んで茎と一緒に混ぜたり、葉だけをスープに入れたりと、すべて使い切ることができる。

❿パクチー（コリアンダー）

アジア料理のイメージが強いハーブだが、メキシコやペルー、ポルトガル、インドなど世界各国で幅広い料理に欠かせない香り。実を乾燥させたものは、スパイスとしてカレーのブレンドに使われている。

⓫ルッコラ

アブラナ科の野菜の仲間でもあるハーブ。生で食べるとピリッとした刺激と苦味があるものの、加熱すると刺激はほぼなくなり、ほのかな苦味が残る大人の味に。抗酸化作用が高く、美肌にも効果が期待できる。

dried herbs

ドライハーブとは

フレッシュハーブ(生)を乾燥させたハーブのこと。
長期保存が可能で、主に料理やハーブティー、
香りを楽しむサシェなどにも使われる。

1
2
3
4
5
6
7
8
9

❶かいわれ大根

大根の新芽で、古くから知られるスプラウト（発芽野菜）の一つ。ピリッとしたさわやかな辛味には消化を良くしたり殺菌作用なども。風味や栄養素を損なわずに食べるには生食がおすすめ。

❷大葉

防腐効果があり、古くから刺身のつまとしても使われている。ビタミン、ミネラルが豊富で、香りも強すぎないため、刻んで和えたり、肉を巻いたり、ソースにしたりさまざまな料理に使える。

❸みょうが

独特なさわやかさのある香りとシャキシャキとした食感が特徴。針葉樹にも含まれるα-ピネンという香り成分は、リラックス効果と同時に血行を促進して発汗を促す効果があるといわれている。

❹にんにく

食欲をそそる風味には疲労回復効果があり、スタミナをつけたいときにぴったり。生だとピリッとした刺激と強い香りがあるが、じっくり加熱すると香りも和らぎ、ほっくりとした食感で甘みのある味に変わる。

❺しょうが

さわやかな香りが世界各国で幅広い料理に利用されている。血行を促進し、体を芯から温める効果はもとより、すりおろしたり、刻んで料理に香りを加える他、肉や魚の臭み取りとしても重宝されている。

❻にら

にんにくにも含まれるアリシンという成分が豊富で、疲労回復、滋養強壮効果が高いといわれる。心地良い歯触りと強い香りを生かすには、調理の際にあまり火を通しすぎないことがポイント。

❼みつば

お吸い物などに少量だけ添えるイメージが強い薬味。実はビタミンやミネラルなどの栄養が豊富で抗酸化作用も高いので、生のままサラダにしたり、鍋の食材にしてたっぷり食べるのがおすすめ。

❽白ねぎ

抗酸化作用を持つ栄養素を豊富に含み、殺菌作用も高いとされる。細かく刻んで生で食べるのもおいしいが、大きめに切ってじっくり加熱すると、とろりとして甘味が増す。

❾青ねぎ

白ねぎ同様栄養価が高いが、白ねぎと違って緑の部分の割合が多い。主に関西以南で好まれている。品種によって太さはさまざまだが、本書では万能ねぎと呼ばれる小ねぎを使用。

若井めぐみ 料理家／ハーブ料理家

ハーブをテーマにした料理教室「ヴェール　エクラタン」を主宰。身体にやさしく、簡単でおいしい、再現性の高いレシピに定評がある。企業向けのレシピ開発や飲食店のメニュー開発のほか、雑誌、メディア出演など幅広く活躍。著書に『ハーブと薬味のごちそうレシピ』（三空出版）がある。

https://vert-eclatant.com/　Instagram @megumi_wakai

編　　集　武智美恵
デザイン　伊藤智代美
撮　　影　キッチンミノル
テーブルコーディネート　さくらいしょうこ
調理アシスタント　窪田洋子
撮影協力　UTUWA

参考文献『もっとからだにおいしい　野菜の便利帳』（高橋書店）

いつもの食材《しょくざい》と組《く》み合《あ》わせる 酒《さけ》によく合《あ》うクセありレシピ

ハーブと薬味《やくみ》でおつまみ

2024年6月15日　発　行　NDC 596

著　　者　若井《わかい》めぐみ
発 行 者　小川雄一
発 行 所　株式会社 誠文堂新光社
〒113-0033 東京都文京区本郷 3-3-11
電話 03-5800-5780
https://www.seibundo-shinkosha.net/
印刷・製本　株式会社 大熊整美堂

ISBN978-4-416-72369-2